Bro a Bywyd T. Llew Jones

Golygydd: Jon Meirion Jones

Cyhoeddiadau Barddas
ⓗ Jon Meirion Jones/Cyhoeddiadau Barddas

Argraffiad cyntaf: 2010

ISBN 978-1-906396-33-6

Cyhoeddwyd gyda chymorth ariannol
Cyngor Llyfrau Cymru.

Cyhoeddwyd gan Gyhoeddiadau Barddas
Argraffwyd gan Wasg Dinefwr, Llandybïe

Pen-ddelw efydd o T. Llew Jones, o waith John Meirion Morris. Benthyciwyd y ddelw oddi wrth y Llyfrgell Genedlaethol, Aberystwyth, ar gyfer yr Arddangosfa yng Nghanolfan yr Urdd, ger Llangrannog, i ddathlu pen-blwydd T. Llew Jones yn 90 oed.

Y llew yw brenin y rhywogaethau yn nhiroedd y safana yn yr Affrig.

Cyflwynwyd cerflun haearn cast o lew i T. Llew Jones gan ŵr o Sir Fôn – mewn edmygedd ohono am ei gyfraniad enfawr i farddoniaeth a llenyddiaeth oedolion a phlant Cymru.

Gwelir y cerflun yn gorwedd wrth dalcen blaen Dôl-nant, cartref y teulu, yn Heol y Beirdd, Pontgarreg.

T. Llew Jones

Trysor y Môr-ladron

Ti yw awen y llenor – a T. Llew,
ti yw llyfr ar agor;
ti i mi yw llais y môr,
ti a roes inni'r trysor.

Arwel Emlyn Jones

Rhagair

Mae hanes bywyd Thomas Llewelyn Jones yn darllen fel nofel, ac mae iddi stori dda, fel ag a geir yn ei lyfrau ef ei hun. O fewn y stori hon y mae elfennau fel teulu, bro a chenedl a chymeriadau a sefyllfaoedd wedi eu plethu yn berthnasol i'w gilydd i greu diddordeb, edmygedd a difyrrwch.

Y dylanwad mwyaf a fu arno oedd diwylliant y bobl o'i gwmpas – y werin uniaith Gymraeg. Roedd gwreiddiau ei deulu yn ddwfn ym mro'r gymdogaeth dda oddeutu Pentre-cwrt. Nodweddion amlycaf y bywyd gwledig a gwerinol hwnnw, cyn dyfodiad y di-wifr a'r teledu, oedd cadernid teulu a seiliau triongl y cartref, yr eglwys neu'r capel, a'r ysgol, a'r holl elfennau hyn yn dod ynghyd i weu cymdeithas gyflawn. Crewyd diwylliant hunan-gynhaliol, a bu'r 'penny readings' ac eisteddfodau'r capeli yn ffordd i arddangos talentau, a thrwy gystadlu ceid cyfle gwych i loywi iaith, a hybu doniau cerddorol, llenyddol a barddonol. Cyfoethogid iaith gan ffraethineb cymeriadau a thyfai straeon a hanesion yn chwedloniaeth.

Dyffryn fy Ngeni
(Dyffryn Teifi)

Bro ag afon i'w llonni, – wyf ym mhoen
Pan fwy 'mhell ohoni;
Mae edifar am Deifi
Lle bynnag 'raf arnaf fi.

Roedd cyd-chwarae oddeutu mannau arbennig y pentre yn hwyl ac yn rhamant i'r T. Llew ieuanc. Ymhlith yr atyniadau yr oedd afon Teifi a'i dyfroedd toreithiog o eogiaid a brithyllod y môr (lle dysgodd bysgota a 'photsian'), y felin wlân a'i chymeriadau, y rheilffordd, dyfodiad tymhorol y sipsiwn, y plas a'r tirfeddiannwr, a chwm Alltcafan. Ac yn sicr, roedd sgiw y simne lwfer a Mam-gu yn ganolbwynt y cread iddo!

'Byddai'n adrodd hen faledi a darnau gwladaidd o farddoniaeth oddi ar ei chof ... ac roedd ganddi stôr o bosau ar ein cyfer ni'r plant wrth y tân gyda'r nos ... Byddai'n adrodd storïau am ysbrydion, toilïod a chanhwyllau corff wrthym yn ystod nosweithiau hirion y gaeaf, a chanddi hi y clywais i

T. Llew Jones

gyntaf am gŵn Bendith y Mamau,' meddai T. Llew Jones yn ei hunangofiant, *Fy Mhobol i.*

Roedd T. Llew Jones yn ddarllenwr awchus, hyd yn oed yn yr ysgol fach yng Nghapel Mair, a thaniwyd ei awydd i adrodd storïau ar ôl iddo glywed y prifathro yn darllen stori iddo. Penderfynodd ddarllen a darllen a darllen – gan gynnwys llyfrau Moelona, Daniel Owen, R. L. Stevenson, Charles Dickens a chofiannau enwogion, cofiant i Gladstone, er enghraifft.

Nid oedd cyfundrefn Seisnig a chyfyng yr ysgol ramadeg wrth ei fodd, ac fe'i cystwywyd unwaith wedi iddo geisio ysgrifennu stori. Wedi marwolaeth annhymig ei dad bu'n rhaid iddo adael yr ysgol a chynnal gwaith a oedd yn amrywio o dorri coed i weithio gyda gang o nafis.

Dysgodd y cynganeddion yn gynnar iawn a bu'n cystadlu yn yr eisteddfodau lleol hyd yn oed pan oedd yn anialwch yr Aifft gyda'r Awyrlu yn ystod yr Ail Ryfel Byd. Fe'i bendithiwyd â genynnau'r bardd, ac wedi priodi wyres y Cilie ymdoddodd i mewn i gymdeithas farddol de Ceredigion i ennill enw iddo'i hun fel bardd llwyddiannus, naturiol a chystadleuol iawn.

Safai Alun Cilie yn ffigwr anrhydeddus o fewn cylch y nythaid yma o feirdd fel bardd diwylliedig, ac roedd ei ddylanwad yn eang a thrwm. Daeth T. Llew ac Alun yn ffrindiau mynwesol.

Wedi ennill nifer o gadeiriau mewn eisteddfodau lleol ac eisteddfodau taleithiol, ynghyd â'r prif lawryfon yn eisteddfodau cenedlaethol Glyn Ebwy a Chaernarfon (1958 a 1959), cyrhaeddodd T. Llew ei lawn dwf fel bardd disglair, a dechreuodd ganolbwyntio ar ysgrifennu ar gyfer plant. Gan dynnu ar ei brofiad fel ysgolfeistr yn Nhre-groes a Choed-y-bryn, sylweddolodd fod prinder deunydd mewn barddoniaeth a llenyddiaeth Gymraeg ar gyfer plant crynion oddi mewn i'r gyfundrefn addysg. Ond T. Llew y bardd a barhaodd i ysgrifennu a T. Llew y bardd a deimlodd y geiriau yn galw ar ei gilydd. Iddo ef, roedd cyfansoddi ar gyfer y plant yn bwysicach na chystadlu mewn eisteddfodau. Roedd yn ymwybodol o anghenion y plant. Defnyddiodd y plant yn ei ddosbarthiadau i brofi darnau o'i nofelau a'i farddoniaeth gan sylwi ar eu hymateb.

Daeth ei nofelau yn boblogaidd iawn a gwerthwyd miloedd ar filoedd ohonynt. Ond bu'r llyfrau y tu hwnt o apelgar i'r rhieni a'r genhedlaeth hŷn hefyd. Roedd hyn yn elfen bwysig iawn o ran eu dylanwad ar eu plant a'u hwyrion.

Bardd sensitif iawn oedd T. Llew Jones. Rhoddodd bleser di-ben-draw i ieuenctid Cymru ac roedd ei gyfraniad yn gymorth amserol i athrawon ysgol trwy Gymru benbaladr.

Sylweddolodd mai awduron Saesneg a llyfrau Cymraeg di-sbarc ar y cyfan oedd y ddarpariaeth ar gyfer plant, fel yn ei ddyddiau ysgol ef ei hun. Edmygai gyfraniad

Moelona yn fawr iawn.

Bu ei gefndir a'i ymwybyddiaeth o gyfoeth llên gwerin a hanes ei genedl a'i hiaith yn feysydd parod ac yn gatalydd i gyflenwi'r angen ym maes llyfrau plant.

Ni ruthrodd yn ieuanc iawn i fod yn awdur. Bu profiad bywyd a disgyblaeth y bardd yn elfennau manteisiol iddo.

Daeth dan ddylanwad Alun R. Edwards – arloeswr, a llyfrgellydd arian byw Sir Aberteifi a Dyfed a ysgubodd ragfarnau a gwe cor hen bwyllgorau a pholisïau blinedig o'r neilltu.

Ym 1952 daeth 48 o athrawon ynghyd ym Mhlas y Cilgwyn, yn Adpar, Castellnewydd Emlyn, a phenderfynwyd cyhoeddi cyfres o lyfrau plant – ac yn eu plith – *Atlas Ceredigion, Detholiad o Bant a Bryn, Cerddi Gwlad ac Ysgol* (Gol. T. Llew Jones), *Storïau o Chwedlau Sir Aberteifi* a *Cen Ceredigion.*

Cyhoeddwyd nofel gyntaf T. Llew Jones ym 1958, *Trysor Plasywernen*, pan oedd yn 43 oed. Meddai Alun R. Edwards yn ei hunangofiant, *Yr Hedyn Mwstard* (1980): 'Bydd yn rhaid iddo ef faddau i mi am ddweud i ni ei achub o fod yn ddim ond bardd, neu'n brifardd, i fod yn awdur llyfrau plant, sydd yn bwysicach o dipyn yn fy marn i. Yr ydym fel cenedl wedi rhoi, ac yn parhau i roi, gormod o urddas ar feirdd ar draul awduron'.

Miniogwyd ei ddawn gan ofynion cynhyrchwyr blaengar y BBC, fel Nan Davies, Lorraine Davies a Sam Jones. Bu'n ysgrifennu sgriptiau ac yn cyflwyno rhaglenni teledu.

Aeth T. Llew Jones ymlaen i ysgrifennu dros hanner cant o lyfrau. Câi ei gydnabod fel brenin llenyddiaeth plant Cymru. Bu gwerthiant mawr ar ei lyfrau, darllenwyd ei lyfrau ar aelwydydd Cymru gyfan (gan blant ac oedolion); benthyciwyd ei lyfrau o lyfrgelloedd cyhoeddus yn helaeth; addaswyd dau o'i lyfrau yn ffilmiau; cafodd ei anrhydeddu ym 1976 gyda Gwobr Tir na n-Og am ei lyfr *Tân ar y Comin*; a hefyd ym 1990, am ei lyfr *Lleuad yn Olau*. Ym 1991 enillodd Dlws Mary Vaughan Jones am ei gyfraniad arbennig i faes llyfrau plant.

Roedd T. Llew Jones yn hynod o lwyddiannus a phoblogaidd fel bardd ac fel awdur oherwydd y medrai ganu yn syml, yn uniongyrchol ac yn gofiadwy.

Un o'i nodweddion pennaf a mwyaf trawiadol oedd ei lais. Fe'i breintiwyd â llais hudolus, melfedaidd a soniarus. Llais y bardd oedd ganddo a doniau'r awen wedi mwytho'r llinynnau i greu cyfaredd y cyfarwydd. Roedd ganddo lais a goslef y perfformiwr, llais dweud stori a llais addas iawn i gyfrwng y radio. O flaen unigolyn, o flaen dosbarth, o flaen meicroffôn, yn y Babell Lên, yn feirniad ar lwyfan y Brifwyl, ymhlith plant, neu hyd yn oed ar y ffôn – roedd yn gyfareddol. Cyrhaeddai ei lais fannau na fyddai lleisiau eraill yn eu cyrraedd.

Hoffai ddarllen cerdd, englyn neu ddarn o

ryddiaith i mi ar chwiw, wedi i rywbeth godi mewn sgwrs. Roedd ganddo gof rhyfeddol, a'i fanylder a'i gywirdeb yn nodweddiadol ohono, heb sôn am ei ddyfnder a'i ddawn i bontio amser.

Roedd yn gwmnïwr di-ail, yn ŵr cynnes a chroesawgar ei ymarweddiad, a'i ffraethineb difyr wedi ei blethu â mwynder hoffus. Rhedai pob sgwrs yn fywiog gan fyrlymu â hiwmor a disgwylid i bob cynneddf o'ch eiddo fod yn effro i'r eithaf wrth droed y cyfarwydd. Dôi straeon hen a newydd i liwio pob pwnc trafod. Medrai chwerthin yn iach, ac edrychai â'i lygaid llon yn syn-ddisgwylgar wedi cyflwyno'r 'ergyd' gan aros am ymateb teilwng.

Amlygai ddawn y perfformiwr – hyd yn oed mewn sgwrs hamddenol. Hoffai wthio gwrthgyferbyniad pryfoclyd ambell waith i ennyn dadl a hwyl. Trwy'r seicoleg yma dôi i adnabod ei bobl. A phob hyn a hyn dôi elfen o styfnigrwydd i'r golwg. Medrai ddweud ei farn heb flewyn ar dafod pe byddai rhywun wedi dweud neu wneud rhywbeth a oedd yn groes i'w ddaliadau. Perthynai iddo elfen gystadleuol gref a ddôi i'r brig yn aml mewn sgwrs a dadl, talwrn neu gemau griced a gwyddbwyll. Roedd yn ddeallus ac yn chwim ei feddwl, a gwelai y tu hwnt i'r amlwg ymhob sefyllfa. Roedd ei benderfyniad hefyd yn gadarn a di-droi'n-ôl. Hyrwyddai achosion yn ddygn ac yn llwyddiannus gan ddwyn y maen i'r wal trwy ymgyrchu a llythyru'n rymus, neu drwy alwadau ffôn i swyddogion allweddol a phobl ddylanwadol.

Bu'n allweddol yn y gwaith o sefydlu Cymdeithas Barddas (yn ystod Eisteddfod Genedlaethol Aberteifi 1976). Ef oedd ei Llywydd Anrhydeddus. Bu hefyd yn gyfrifol am sefydlu Cymdeithas Ceredigion (ym mhlas Glaneirw, Blaenporth), a Chyngres Wyddbwyll Cymru – fel bod chwaraewyr Cymru yn cynrychioli eu gwlad eu hunain, yn hytrach na Phrydain.

Yn Saesneg mae gennym awduron fel J. M. Barrie, Roald Dahl, Enid Blyton, R. L. Stevenson, Mark Twain, E. Nesbit, Charles Dickens, Ian Serraillier a J. K. Rowling ac eraill. Mae gennym ni y Cymry – T. Llew Jones.

Erys ei gyfrolau barddoniaeth i blant ac oedolion, nofelau i blant a llyfrau amrywiol eu testunau i oedolion, hefyd ei erthyglau ar lên gwerin – yn waddol gyfoethog ac yn ddylanwad parhaol ar yr iaith Gymraeg.

Fel y dywed y Prifardd Donald Evans:

Y gŵr sy'n rhithiwr ar hen – gyfaredd
    Yn nhasg fawr ei diben;
  Y storïwr stôr awen,
  Y llais yng nghynteddau llên.

Teulu a Bro Mebyd

T. Llew Jones

T. Llew Jones, ar 10 Mehefin, 1989, yn dadorchuddio'r plac ar fur Bwlchmelyn, lle ganed ef. Hefyd yn y llun, ei gyfaill Dic Jones a luniodd yr englyn.

Meddai T. Llew Jones yn ei hunangofiant, *Fy Mhobol i* (2002):

> Ganed fi ym Mwlchmelyn, Pentre-cwrt, Sir Gaerfyrddin, ar yr 11eg o Hydref 1915, ac mae plac uwchben drws y tŷ hwnnw yn nodi'r ffaith. Ar y plac mae'r englyn hwn o waith y Prifardd Dic Jones, cyfaill annwyl iawn i mi.
>
> Rhythmau'r iaith yw y muriau hen – a chwedl
> A chân yw pob llechen;
> Cartre' Llew, crud deor llên,
> A thŷ mabolaeth awen.
>
> Tŷ fy mam-gu oedd Bwlchmelyn, ac yn fuan ar ôl fy ngeni fe symudodd fy rhieni, a minnau gyda nhw, i fwthyn yn y pentre o'r enw Iet Wen ... Llawr pridd oedd i'r bwthyn, a hwnnw bron mor galed â choncrit, ond yn llawer llai llychlyd. Clom oedd y muriau a'r rheini'n rhyw lathen o drwch.

T. Llew Jones, Margaret Enidwen (Magi) gydag Emyr a Iolo y tu allan i Fwlchmelyn, 10 Mehefin, 1989.

T. Llew Jones yn Dadorchuddio Cofeb Iddo'i Hun ym Mhentre-cwrt

Er rhoi pip drwy y papur – ni welais
    Yn ei golofn eglur
  Ei ddal gan unrhyw ddolur
  Nac iddo gilio o'i gur ...

A yw'r Llew wedi tewi – a hefyd
    Prifardd wedi croesi?
  A aeth llenor ystori
  Dôl-y-nant a'n gadael ni?

Yn y cwrt roedd y llew fel cyw – yno'n
    Wahanol i'r rhelyw:
  Maen od rhwng meini ydyw
  I waith bardd sy'n eitha' byw.

Ei ddawn fawr nid yw heddiw'n fud – na'n plant
    Yn ein plith mewn tristyd:
  Mae hwn yn tramwy o hyd
  A'i awen sy'n llawn bywyd ...

D. Gwyn Evans

Noddwyd achlysur y dadorchuddio fel teyrnged bro gan Ŵyl y Cnapan. Dadorchuddiwyd y garreg gan T. Llew ei hun ac roedd y seremoni yng ngofal y Prifardd Dic Jones. Ar wahoddiad Merched y Wawr (Cangen Geler), paratowyd te a theisen a chyfle i gymdeithasu yn Neuadd Pentre-cwrt am chwech o'r gloch. Yna am hanner awr wedi saith cynhaliwyd 'Blas ei Awen' – cyflwyniad llwyfan o waith T. Llew Jones. Cymerwyd rhan gan chwech o ysgolion lleol – Ysgol Bryn Saron, Ysgol Capel Cynon, Ysgol Coed-y-bryn, Ysgol Dyffryn Teifi, Ysgol Talgarreg ac Ysgol Tre-groes. Diolchwyd i deulu Bwlchmelyn (ar y pryd), Emyr Davies (saer maen), Lewis Smith, Cwmni Jameson (Tre-saith), Phil Davies (ffotograffydd) a Gwasg Gomer. Lluniwyd englyn gan Dic Jones ar ran Gwasg Gomer, a'i gyhoeddi ar y daflen:

Nid ein haeddiannol foliant – yw mesur
    Cymhwysaf ei lwyddiant,
  Nid y plac, ond gweld y plant
  Yn drwm dan hud ei ramant.

Cymdeithas Bro Elyrch, Bargoed a'r Cylch, yn ymweld â Bwlchmelyn, Pentre-cwrt yn ystod Mehefin 2003. Tywyswyd yr aelodau i wahanol fannau yn ymwneud â bywyd T. Llew gan Idris Reynolds. Trefnwyd y daith gan gadeirydd y Gymdeithas, Dafydd Islwyn.

T. Llew Jones yn faban gyda'i fam a'i dad, a'i dad yn gwisgo lifrai'r Llynges Brydeinig, adeg y Rhyfel Mawr, 1914–1918.

Yr unig gof sy gen i am y Rhyfel yw gweld dieithryn mewn dillad rhyfedd yn cyrraedd Iet Wen yn gwbwl annisgwyl ryw ddiwrnod, a hwnnw'n newid popeth. Deëllais ymhen tipyn mai fy nhad oedd y dyn dierth ac mai'r dillad od oedd lifrai'r Llynges Brydeinig y bu ef yn gwasanaethu ynddi am dair blynedd – hyd at y Cadoediad yn 1918. Ond i mi, yn dair oed, dieithryn peryglus ydoedd – yn bygwth y clydwch a'r hapusrwydd ar ein haelwyd fach ni.

Rhyw gychwyn digon anaddawol fel'na fu i'r berthynas rhyngof i a 'Nhad, ac ar hyd y blynyddoedd bachgen Mam oeddwn i.

Fy Mhobol i

Ar yr ochr farddol roedd tad Llew yn dipyn o fardd lleol. Ac er nad oedd yn gystadleuydd mawr, cofia Llew iddo ennill ambell wobr leol. Cofia'n well amdano'n ysgrifennu ei gerddi ar waliau'r tŷ bach a gall adrodd llawer ohonynt o hyd.

Ond roedd ganddo fe ddiddordeb mewn barddoni. Roedd Dewi Emrys yn ddyn mawr gydag ef, ac fe fyddai'n cario *Rhigymau'r Ffordd Fawr* gydag ef i'r gwaith ac i bobman yn ei boced nes bod yr hen lyfyr wedi rafflo.

Yr unig ffordd oedd gyda chi i fesur eich talent, a dod i 'nabod eich seis oedd y 'steddfod a'r 'penny readings' a dwy'n cofio amdana' i yn ennill chwecheiniog am gywydd. Rown i wedi dysgu'r cynganeddion erbyn hynny drwy astudio colofn Dewi Emrys yn *Y Cymro*, a hefyd *Yr Ysgol Farddol* (Dafydd Morganwg). Fe

ddaeth y cynganeddion yn hawdd iawn i fi.

Rwy'n cofio rhoi cynnig ar delyneg yn 'steddfod Pentre-cwrt, y tro cynta' i fi gynnig mewn 'steddfod gymharol fawr, ar y testun 'Y Gwallt Gwyn'. Ond wir, cyn i'r feirniadaeth ddod fe weles Wili Jones, Peniel, yn cerdded mewn, ac fe wyddwn 'mod i wedi colli.

Dyddiaduron T. Llew Jones

Tŷ Mam-gu, Pen-bont, Alltcafan.

Y Bwthyn

Hen dŷ fy nhaid! O'i fewn o – nid yw nain
    Wrth dân hwyr yn pwytho,
  Ac nid oes dan gawn ei do
  Na thân na'r heniaith heno.

Del hafod i'r llai ffodus – neu i bâr
    Gychwyn byw'n gariadus;
  Od yw'n llwm, gall fod yn llys
  Euraid i ddau gysurus.

T. Llew Jones

Anti Polly (Plasparce), Mam-gu (Tŷ-poeth), mam T. Llew, a Megan Eluned (chwaer); llun a dynnwyd ym 1938.

Eto yn *Fy Mhobol i*, mae T. Llew'n cyflwyno pennod gyfan i'w fam-gu (ar ochr ei fam):

> Dynes fechan, dwt, olygus oedd hi yn fy nghof cyntaf i, er ei bod hi bryd hynny'n 'bwrw mlân'. Roedd hi'n sionc ar ei thraed, yn ddiwyd, ac yn ddynes gwbwl eithriadol. Bu iddi wyth o blant – pump o fechgyn a thair o ferched ... Ac fe barhaodd i blanta am gyfnod mor hir, fel mai prin y medrwn i alw 'wncwl' ac 'anti' ar ei mab a'i merch olaf – Evan Tom a Megan – gan nad oeddynt fawr iawn yn hŷn na mi!
>
> Yn wir, edrychwn ar Megan fwy fel chwaer na modryb. Bu hi farw'n drychinebus o sydyn yn 16 oed ... Gwelodd farw mab, Harri, yn 26 oed yn ysbyty Caerfyrddin ... Collodd Mam-gu ei mab hynaf o'r dicléin ...
>
> I ni, ei hwyrion a'i hwyresau, hi oedd y nain orau a'r garedicaf yn y byd. Nid oedd pall ar ei rhoi – o'i phrinder yn aml – yn geiniogau neu'n deisen, neu'n rhyw flasusfwyd arall byth a hefyd.
>
> Gwraig ddarbodus, yn byw'n gryno iawn, oedd Mam-gu ... Ond er ei bod yn ddarbodus roedd 'rhoi a rhoi o hyd', fel Pistyll y Llan, yn rhan o'i natur ... Darganfûm fod Mam-gu bob hyn a hyn yn rhoi symiau sylweddol (yn y dyddiau hynny) i bob un o'i phlant – yn union yr un faint i bob un ...

Annie Mary (mam T. Llew) ar draeth Llangrannog (26 Awst, 1953). Meddai T. Llew o weld y llun: '... on'd yw Carreg Bica yn edrych yn bert!'

Rwy'n cofio cyfarfod â hi ar y diwrnod hwnnw. (Y Golygydd)

Yn Angladd Mam
(ym mynwent Capel Mair)

Heddiw, gwae fi, y rhoddwyd,
Yn oer lain yr hen erw lwyd
Fy mwyn fam; honno a fu
'N angyles uwch fy ngwely;
Yr un oedd rhag ofnau'r nos
Aneirif, yno'n aros.

Fy nghraig wen, fy angor gynt,
A ddaliai yn nydd helynt,
Fy encil ben bwy gilydd
Caer fy nos, swcwr fy nydd.

Di-feddwl-ddrwg, di-wg oedd
A model o fam ydoedd,
Ow'r ing tost rhoi pridd drosti!
Archoll oer ei cholli hi.

Er i mi hir grwydro 'mhell –
I'm cam bydd mwy i'm cymell
Adre'n ôl – un darn o âr,
Anwyle fy nwfn alar;
Yno gwn fe'm deil yn gaeth
I'w hoff weryd – raff hiraeth.

Ffatri wlân Derw – fel
y mae heddiw.

Gwraig i wehydd yn Ffatri Derw oedd fy mam, ac o bob gwaith bron, gweu yn y ffatri oedd yn talu leiaf, yn enwedig pan fyddai'r edafedd yn frau ac yn torri'n aml yn y gwŷdd. Weithiau byddai cyflog fy nhad yn isel iawn. Bryd hynny, byddai Mam-gu'n gofalu fod bwydydd am ddim o'r siop yn ein cadw rhag angen. Roedd ffatri Derw yn y cyfnod hwnnw'n cyflogi rhyw ddeugain o fechgyn a merched, a chan fod y siop yn agos at y ffatri, fe ddeuai'r gweithwyr yno'n aml i brynu. Yn wir, roedd agosrwydd y ffatri yn llesol iawn i fasnach y siop.

Fy Mhobol i

Annie Mary (mam) a'i thri phlentyn – Thomas Llewelyn, Jeffrey Edwin a Megan Eluned.

T. Llew Jones

Pedair cenhedlaeth: Annie Mary, mam T. Llew Jones, T. Llew ei hun, a'i fam-gu yn dal ei fab, Emyr Llewelyn.

Bu farw ei fam-gu yn 86 mlwydd oed.

Cofiaf yn dda edrych arni'n gorwedd yn ei harch agored ddeuddydd cyn yr angladd, y corff bach, pitw, wedi ei wisgo yn ei gŵn ddu orau a'r wyneb rhychiog, annwyl yn llonydd yn awr fel cerflun marmor. Ond y *dwylo* a dynnodd fy sylw ... Dwylo corniog, llydan oeddent, ac edrychent yn od fel rhan o gorff bach lluniaidd fy mam-gu. Ond adroddent yn huawdl iawn am y llafur cyson dros ei theulu – ar yr aelwyd, yn y siop ac ar y ffarm. Sylweddolais innau'n llawn y diwrnod hwnnw faint ein dyled i'r dwylo.

Fy Mhobol i

Y Parchedig Ddoethur John Gillibrand, MA, ficer eglwysi Capel Mair, Penboyr, Llangeler a Sant Barnabas (Dre-fach Felindre) – yn dangos Carreg Ogam (Capel Mair) sydd i'w gweld mewn cas gwydr y tu mewn i eglwys Capel Mair. Yn ôl y Parchedig Ddoethur Gillibrand:

> Roedd y tiroedd oddeutu Pentre-cwrt a Chapel Mair (presennol) yn rhan o eiddo stad mynachlog y Sistersiaid yn Hen Dŷ Gwyn ar Daf. Yn ei lyfr *The Welsh Cistercians* mae gan David H. Williams gyfeiriadau at dŷ grawn, cwrt, melin a phandy, a chapel gerllaw ar lannau afon Siedi ac nid nepell o'r man lle'r oedd Bwlchmelyn (lle ganwyd T. Llew Jones) yn ddiweddarach. Mae Edward Lhuyd hefyd yn cyfeirio at dŷ'r Abad yn ymyl yr adeiladau eraill a nodwyd. Y brodyr lleyg a oedd yn trin ac yna'n cludo'r grawn a'r cynnyrch i'r fynachlog yn Hen Dŷ Gwyn ar Daf.

Tua 1934, darganfu'r T. Llew ieuanc Garreg Ogam enwog Capel Mair. Daeth yr ardalwyr ynghyd o'r 'gymdogaeth dda' i osod pibau dŵr dros bellter o ffynnon Blaengwrfach. Ac yng nghae Danycapel (ugain llath o'r ysgol) trawodd T. Llew y garreg â'i bicas gan dorri darn ohoni. Cysylltwyd â'r Cyrnol Lewes, plas Llysnewydd, ac roedd ef yn benderfynol o'i chadw yn yr ardal.

Roedd Syr John Rhŷs ac ysgolheigion eraill wedi bod yn ardal Capel Mair yn chwilio amdani – ac yn gwybod am yr arysgrifen.

Roedd neges mewn Ogam – hen wyddor Wyddelig – ar ei hymyl – mewn llinellau a rhigolau. Carreg fedd i fab y Gwyddel Brychan

(*Brocagne*) ydoedd – ac enw'r mab wedi ei Ladineiddio – *Deca Barbolom* (500 O.C.).

Ni chafodd y T. Llew ieuanc ei enw yn y *Western Mail* – yn hytrach dywedwyd: 'The stone was discovered by a workman!' Dyna siom i'r llanc disgwylgar 19 oed.

Ar garreg fedd ei rieni ym mynwent Capel Mair gwelir dau gwpled cynganeddol – o waith T. Llew Jones – un i'w dad:

Carai'r gân, carai'r gweunydd
A'r hen gamp o drin y gwŷdd.

Ac un i'w fam (o'r cywydd 'Yn Angladd Mam'):

Di-feddwl-ddrwg, di-wg oedd
A model o fam ydoedd.

Bu farw ei dad (James Jones) yn sydyn iawn ar 21 Mawrth, 1936, yn 42 mlwydd oed, pan oedd yn pysgota ar lannau afon Teifi, ac fel y mab hynaf, bu'n rhaid i T. Llew ennill ei fara a chaws i helpu ei fam i gael y ddau ben llinyn ynghyd. Bu'n gweithio gyda gang o nafis yn cloddio i osod gwifrau ffôn o dan ddaear. Bu'n gwympwr coed, yn glerc mewn swyddfa ac yn ddiweddarach bu'n gweithio fel dyn casglu yswiriant.

Llun hyfryd o Megan Eluned gyda'i brawd mawr – yng ngardd Waun Cottage, Pentre-cwrt.

Bu 'Meg' – Megan Eluned Jones – yn chwaer ffyddlon i T. Llew, a rhoddodd lawer iawn o gysur iddo pan oedd yn yr Awyrlu gyda'i llythyrau cyson ato, a thrwy'r blynyddoedd bu'n cael aml i sgwrs â'i brawd dros wifrau'r ffôn – hyd y diwedd.

Mae Meg wrth ei bodd yn gwneud croeseiriau. Hefyd mae'n cadw dyddiadur dyddiol, ac ymbiliai T. Llew arni i drosglwyddo'r cyfrolau difyr – sy'n gofnod teuluol a chymdeithasol – i'r Llyfrgell Genedlaethol ryw ddiwrnod.

Tud. 22: Ysgol Capel Mair (oddeutu 1923). Blaen, o'r chwith: Sam Jones (Etham), Thomas Llewellyn Jones (Tŷ Newydd), Gwilym Evans (Waunwthan), Owain Jones (Glynllwyd), ——, ——.

Ail res, o'r dde: John Jones B.Sc. (ysgolfeistr), ——, ——, Lil Evans (——), Dinah —— (Penfforddnewydd), ——.

Cefn, o'r chwith: ——, ——, ——, ——, Tegwen Jones (Bryntirion), Gwen Jones (Blaencwm).

Ysgol Capel Mair gynt, wedi ei throi'n ganolfan gymdeithasol.

Pan oedd T. Llew Jones yn grwtyn 7 oed ac yn ddisgybl yn Ysgol Capel Mair, ger Pentre-cwrt, fe'i gwahoddwyd un prynhawn Gwener i fynd i fyny i ddosbarth y 'mishtir' (Mr Davies) i wrando arno yn darllen stori. Cafodd ei ddewis oherwydd ei ddeallusrwydd uwch na'r cyffredin ac oherwydd ei ymddygiad da.

Clywodd Mr Davies yn darllen stori am dollborth, am farchog yn gadael parsel wedi ei lapio mewn clogyn, ac wedi ei agor darganfod mai baban bach oedd yno.

Meddai T. Llew wrth gofio am ei gyn-ysgolfeistr yn darllen y stori:

> Ac rwy'n cofio dweud wrthyf fy hunan, yn saith oed, 'Os oes storïau fel'na mewn llyfrau, rwy i'n mynd i ddarllen llyfrau' ... Darllen a darllen a darllen degau a channoedd o lyfrau – Saesneg yn bennaf – trwy flynyddoedd fy iengfyd a'm llencyndod, a hynny, rwy'n meddwl, yn fy ngalluogi yn ddiweddarach i ysgrifennu llyfrau fy hunan.

Fy Mhobol i

T. Llew Jones

T. Llew Jones yn trafod un o'i lyfrau enwocaf gyda merch o Ysgol Gymraeg Wrecsam mewn gŵyl lyfrau. Mae'r llun yn portreadu digwyddiad a charreg filltir arwyddocaol yn ei yrfa fel awdur. Wedi cadw'r wefr a'r stori a glywodd pan oedd yn Ysgol Capel Mair yn fachgen 7 oed fe benderfynodd ddefnyddio'r profiad hwnnw i greu llyfr newydd a oedd yn seiliedig ar y tollborth, y marchog, y parsel a'r babi.

Mae gwên yr awdur yn adlewyrchu balchder o'i grefft a'r wefr o gael rhannu'r stori â darllenwyr ieuanc. Mae gwên y ferch hithau yn amlygu'r profiad cyffrous o gael bod yng nghwmni awdur enwog.

Thomas Llewelyn Jones, yn ddisgybl ieuanc (8–9 oed) yn Ysgol Capel Mair.

Hyd yn oed yn ei gyfnod yn yr ysgol gynradd roedd y T. Llew ieuanc yn ddarllenwr awchus. Roedd wedi darllen popeth yng nghypyrddau ysgolion Capel Mair a Saron, gan gynnwys cyfres *Just William* a *The Life of Gladstone*. Hefyd darllenai weithiau R. L. Stevenson, Daniel Owen (*Rhys Lewis*) a llawer o'r 'Penguins' (chwecheiniog). 'Roeddwn yn cael ambell i chwe cheiniog 'da Mam, a lan â fi i Landysul a phrynu Penguin yn siop Gomer, J. D. Lewis.'

'Pan fyddai Mam a'r teulu wedi noswylio byddwn yn darllen o dan y garthen i olau cannwyll a bu bron i mi roi'r gwely ar dân mwy nag unwaith.'

Pan oedd T. Llew yn ddisgybl ieuanc yn Ysgol Ramadeg Llandysul dechreuodd ysgrifennu nofel yn Saesneg am sgweier calon-galed o'r enw Enoch Allstone. Ond gadawodd ei fenter wedi i ffrind ddarllen rhai tudalennau a dweud y gwyddai yn gywir beth fyddai diwedd y stori. Wedi ail ymdrech, eto yn yr Ysgol Ramadeg, roedd yr athro Saesneg o'r farn fod y stori yn un wirioneddol dda, ac fe gyhuddodd T. Llew o lên-ladrad ac o ddwyn y stori. Yn wir, derbyniodd y gansen am ei ymdrechion. Arhosodd y digwyddiad gyda T. Llew trwy gydol ei oes. Penderfynodd fod darllen i blant ysgolion cynradd yn bwysicach nag ymarferion mewn ysgrifennu creadigol.

Gadawodd y T. Llew ieuanc YsgolRamadeg Llandysul pan oedd yn 16 oed oherwydd marwolaeth annhymig ei dad ym 1936. Ni allai barhau â'i addysg na derbyn hyfforddiant ar gyfer paratoi i fynd i'r offeiriadaeth Anglicanaidd.

T. Llew Jones

J. D. Lewis gyda'i bedwar mab a'u ffrindiau y tu allan i Siop Gomerian, 1908.

O'i gartref yn Waun Cottage, Pentre-cwrt, cerddai Thomas Llewelyn Jones bob bore draw i'r orsaf – 'Pentrecwrt Halt' – nid nepell o bont Alltcafan, i ddal y trên i Landysul. Ymunai â disgyblion o Gastellnewydd Emlyn a Henllan ar ei ffordd i'r Ysgol Ramadeg. Cerddai'r fintai niferus o'r orsaf yn Llandysul a chroesi'r bont dros afon Teifi cyn dringo'r rhiw serth tua'r ysgol fry ar lechweddau'r bryn. Ond galwai'r T. Llew ieuanc deuddeg oed yn Siop Gomerian i fyseddu llyfrau ar y silffoedd. O bellter y cownter cadwai Hannah Lewis, hen fam-gu cyfarwyddwr presennol Gwasg Gomer, lygad ar y disgybl chwilfrydig. Daeth y bachgen i mewn dair neu bedair gwaith. Wedyn aeth y siopwraig i weld pa lyfr a oedd wedi tynnu ei sylw, a *The Complete Works of Charles Dickens* oedd hwnnw.

Pan ddychwelodd Thomas Llewelyn eto y bore canlynol, rhoddodd Hannah Lewis y llyfr iddo yn anrheg, oherwydd gwyddai fod ei bris, sef coron, yn fwy na chyflog ei dad fel gwehydd yn Ffatri Derw.

Dyna'r buddsoddiad gorau a wnaeth Gwasg Gomer erioed, er lles ei busnes, ac er lles Cymru, oherwydd ysgrifennodd T. Llew dros hanner cant o lyfrau i blant ac oedolion.

Pont-dŵr-bach – cyn i'r nant fechan ymuno ag afon Siedi a llifo ymlaen i'r fam-afon, afon Teifi.

A wyddoch chi am Bont-dŵr-bach,
Na wyddoch, fentra'i bunt!
Yn blentyn rhedais drosti hi,
Do, lawer dengwaith gynt.

Er pan y'i croesais gynta 'rioed
O dŷ fy mam, i dŷ fy nain,
Mae llawer blwyddyn wedi mynd
I golli rhwng y cŵn a'r brain.

Aeth llawer iawn o ddŵr i'r môr
Gan sisial dan ei bwa hi,
A thros y bont aeth llawer mil
Er dyddiau mwyn fy mebyd i.

Tu hwnt i'r bont roedd gwlad yr hud
A pherllan lawn o 'falau pêr,
A thrwy gorn simne tŷ fy nain
Fe allwn weld – a rhifo'r sêr.

A phan ddaw'r awr i minnau droi
O blith y byw – a chanu'n iach,
Fe garwn fynd i 'fyd sydd well',
Dros Bont-dŵr-bach, dros Bont-dŵr-bach.

T. Llew Jones

Taith flynyddol Cymdeithas Ceredigion (Llangynwyd a Chefnydfa).

O'r chwith: Edwin a Beryl Jones (brawd a chwaer-yng-nghyfraith), Margaret Enidwen, Eiris Llywelyn (merch-yng-nghyfraith), Anton Husak (brawd-yng-nghyfraith i Margaret Enidwen, gŵr Myfanwy) a T. Llew Jones.

Priodas Edwin a Beryl.

O'r chwith: Y Parchedig — Jones (Soar), Annie Mary (mam Edwin, yn eistedd), Thomas Llewelyn Jones, Megan Eluned Jones (chwaer Edwin a T. Llew), Edwin a Beryl, brawd Beryl (Alan Campden), tad-cu Beryl (George Campden), tad Beryl, mam Beryl (yn eistedd).

Meddai T. Llew am ei frawd:

> ... dyn busnes llwyddiannus a chyn-faer Llanbedr Pont Steffan, ond gŵr llên hefyd a bardd cadeiriol. Ef oedd Cadeirydd Eisteddfod Genedlaethol Llambed ym 1984 ... Am ryw 35 o flynyddoedd bu'n Ysgrifennydd Llên eisteddfod flynyddol Rhys Thomas James (Pantyfedwen). Bu'r 'pethe' Cymraeg bob amser yn agos at ei galon.

Fy Mhobol i

Iolo Ceredig, Emyr Llywelyn a'i wraig, Eiris, ym mhriodas eu nai Siôn Tydu a Carys Gwen yng nghapel y Berth, ger Tregaron (10 Gorffennaf, 2010).

Cyfnod y Rhyfel

(1939–1945)

T. Llew Jones

Ymddangosodd y gerdd ganlynol, 'Gardd Siâms', yng Ngholofn y Beirdd yn y *Cardigan and Tivy-Side Advertiser*, ar 7 Ebrill, 1939, gyda'r cyflwyniad canlynol iddi:

> Gardd Siâms – sef gardd Tŷ Isaf, Pentrecwrt, bwthyn sydd eisoes yn adfail. Nid yw'r ardd heddiw ond rhan o las ddôl Llwynderw. Yn wir, nid oes sôn amdani ond yn nhymor Gwanwyn pan y bydd y blodau'n deffro fel blodau eraill y pentref. Siâms oedd enw 'tenant' ola'r bwthyn. Boed heddwch i'w lwch.

Mae Siâms yn gorffwys er ys tro
Yn naear las y llan
Ond nid oes maen o farmor gwych
A fyn gofnodi'r fan.

Daearu wnaeth ei fwthyn bach,
Ei furiau nid ŷnt mwy;
I gofio'r fan ceir twmpath glas
A charreg lwyd neu ddwy.

Maent heddiw'n angof – Siâms a'i fwth
O gyrrau'r byd di-hedd;
Mor frau yw parch – mor fyr yw bri,
Tir angof byth yw'r bedd.

Ond pan ddaw'r Gwanwyn 'nôl i'r fro
A'i gân i goed y glyn,
Bydd ar y maes – lle gynt bu gardd
Y bwthyn – flodau'n wyn.

Yn chwifio yn yr awel iach
A'u purliw'n gloywi'r ddôl
A'u sawr yn denu cân y gog
I'r pantlawr eto'n ôl.

Hyd fyth, tra byddo Gwanwyn, daw
Rhyw angel heibio'r ardd,
A'i bwyntil cywrain i roi lliw
Mwy drud i'w blodau hardd.

Yr ardd sydd heddiw'n balmant glas
A geidw Siâms yn fyw,
Yn well na maen o farmor gwych
Yn erw dawel Duw.

Waun, Pentrecwrt

T. Llew Jones

Priodas Thomas Llewelyn Jones a Margaret Enidwen Jones, Pontgarreg, merch Joshua ac Esther Jones. Roedd ei thad yn fab i deulu'r efail, Caerwedros (John a —— Jones) a'i mam yn seithfed plentyn o giwed o ddeuddeg i Jeremiah a Mary Jones, fferm y Cilie.

Wedi derbyn yr alwad i fynd i'r Awyrlu, ei uchelgais oedd derbyn hyfforddiant i fod yn beilot awyren, ond oherwydd gwasgedd gwaed uchel ni wireddwyd ei freuddwyd. Roedd wedi bod yn llwyddiannus yn ystod yr hyfforddiant cynharaf ar gwrs 'morse code' – ar gyfer graddio fel 'air telegraphist', ond bu'n aflwyddiannus yn y dasg o gyrraedd targedau o eiriau angenrheidiol mewn munud. Cofia am ŵr o'r enw John Davies, Maesyrafon, yn derbyn hyfforddiant ar yr un cwrs, ar yr un pryd.

Wedi'r 'square bashing' yn Blackpool hwyliodd mewn 'troop carrier', o gwmpas Penrhyn Gobaith Da, a threuliodd flwyddyn a hanner yn Yr Aifft (gwlad y brenin Farouk) wedi glanio yn Tarfuq.

Pan anfonwyd ef i'r Aifft adeg y rhyfel fe'i cadwyd yno gryn dipyn yn hwy na rhai o'r lleill – roedd ei feistri yn bobol criced a'r tîm ar y pryd yn brin o droellwr llaw-chwith. Pethau rhyfedd yw blaenoriaethau yntê!'

Dic Jones
(*Gambo*, Rhif 227, Tachwedd, 2005)

T. Llew Jones

Mam-yng-nghyfraith T. Llew, Esther (Amelia) Jones, ger Waun fach, fferm y Gaerwen. Ganwyd saith o blant iddi hi a Joshua Jones. Bu ef farw yn 32 oed o lid ar yr ysgyfaint wedi aredig cae ei frawd, Sam, yn y glaw.

Ei llinach oedd: John Alun, Elfan James, Margaret Enidwen, Mary Gwladys (a fu farw'n faban), Rachel Anne, Myfanwy Caroline a Joshua Jeremiah Wedros.

Roedd Esther Jones yn roli-poli o gymeriad. Cadwai aelwyd agored i deulu enwog y Cilie ar bob achlysur. Roedd yn feddylwraig ddofn, ac yn gynnar iawn, er yng nghysgod ei brodyr, byddai'n llunio penillion, brawddegau a limrigau. Deuai Esther ar draws rhaglenni eisteddfodau (a anfonwyd at T. Llew) – a byddai'n llwyddiannus yn aml. Roedd yn meddu ar farn bendant a pharodrwydd i fod yn llafar mewn Ysgol Sul a chymanfa bwnc. Nid oedd yn gefnogwraig frwd i'r apostol Paul oherwydd ei athroniaeth tuag at y rhyw deg.

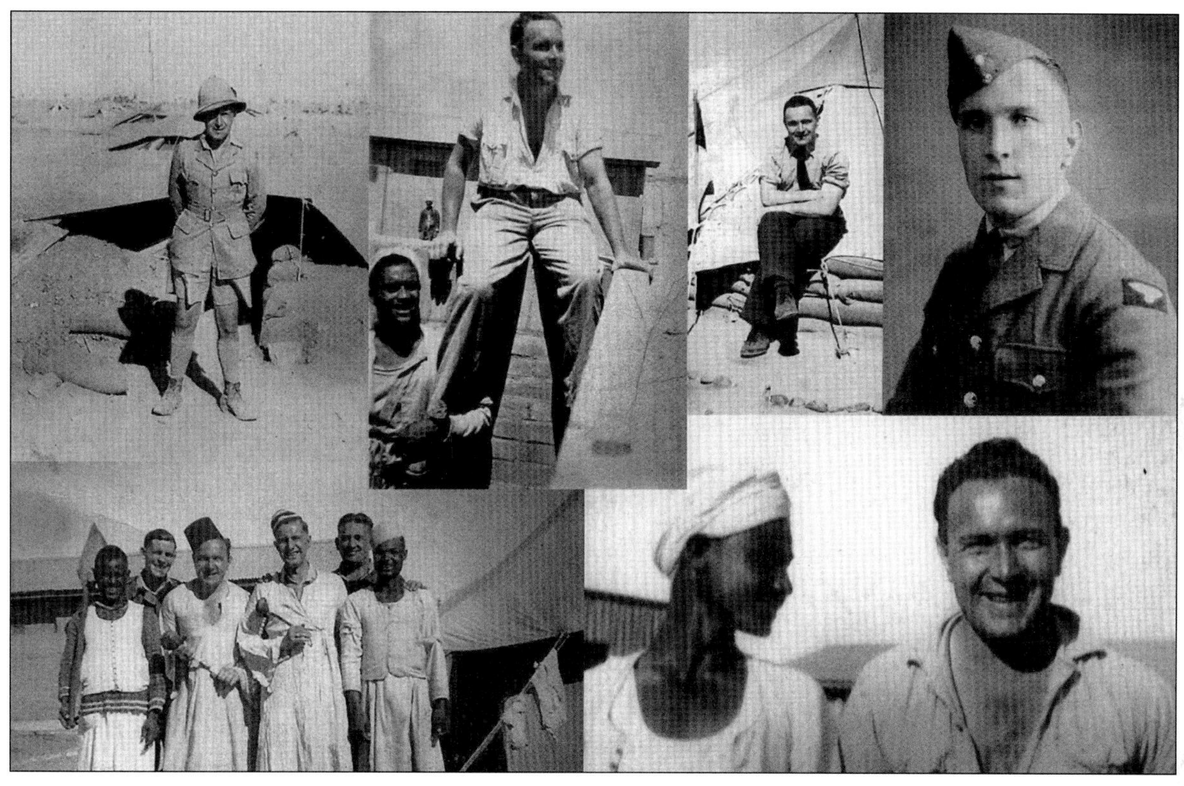

Cefn, o'r chwith: (i) T. Llew yn ei wisg drofannol; (ii) T. Llew ar ben piler bric a brodor yn ei ddiogelu; (iii) T. Llew yn eistedd ar sachau o dywod y tu allan i'w babell; (iv) Thomas Llewelyn Jones (1102290 ACIJones, T.) wedi ymrestru yn yr Awyrlu. Tynnwyd y llun yn Blackpool.

Blaen, o'r chwith: (i) T. Llew â 'fez' ar ei ben ac yn gwisgo'r wisg frodorol gyda'i gyd-aelodau o'r Awyrlu a brodorion. Sylwer ar y dillad yn sychu ar raff y babell. Gan fod dŵr yn brin golchid dillad mewn petrol ambell waith gan ofalu i beidio ag ysmygu yr un pryd; (ii) T. Llew gydag un o'r brodorion sydd mor falch o gael tynnu ei lun gyda'r cricedwr enwog.

Cerdyn-lythyr a anfonodd T. Llew at ei chwaer Megan, ar 18 Chwefror, 1941. Ceir y nodyn 'This airgraph is written yn Welsh' arno.

Annwylaf Meg,

Daeth cerdyn oddiwrthyt i'm llaw bore yma a dyma fi fel y gweli yn brysio i'w ateb heb wastraffu amser. Roeddwn yn falch i'w gael a deall eich bod eich tri yn iach. Cefais ddau gerdyn gyda'r un post oddiwrth Margaret yn dweud wrthyf ei bod hi a Emyr yn iawn. Felly rwyf yn hapus heddiw wedi cael cymaint o newyddion da. Rwy'n deall dy fod yn mynd draw attynt dydd Pen Blwydd Emyr. Rwy'n siwr y bydd llawer o bethau ffein i fwyta yno y diwrnod hwnnw. Mi hoffwn innau fod yno hefyd. Ond dyna fe gan na fyddaf, bydd mwy o shar i ti. Rwyf i yn iawn ac yn saff ar hyn o bryd ac yn ddiolchgar iawn am bob llythyr a pheth hanes ynddo. Diolch i ti am ysgrifennu a chofia wneud dy oreu yn yr ysgol. Mae'r tywydd twym yn dechreu unwaith eto yn yr Aifft yn awr. Gyda llawer o gofion serchus.

Eiddot, Tom xx

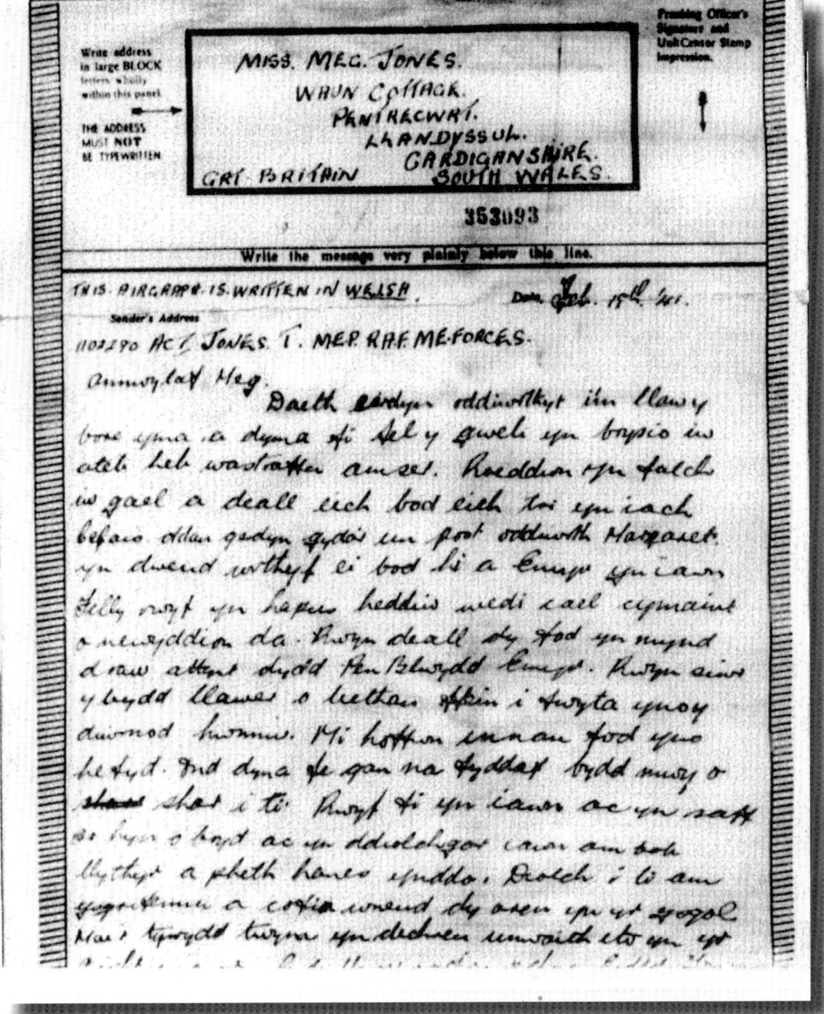

Write address in large BLOCK letters wholly within this panel

THE ADDRESS MUST NOT BE TYPEWRITTEN

MISS. MEG. JONES.
WAUN COTTAGE.
PENTRECWRT.
LLANDYSSUL.
CARDIGANSHIRE.
GRT. BRITAIN SOUTH WALES.

Franking Officer's Signature and Unit Censor Stamp impression.

353093

Write the message very plainly below this line.

THIS AIRGRAPH IS WRITTEN IN WELSH. Date Feb. 18th '41.

Sender's Address
1107290 AC1 JONES T. MEP RAF ME FORCES.

Annwylaf Meg.
Daeth cerdyn oddiwrthyt i'm llaw y bore yma a dyma fi fel y gweli yn brysio i'w ateb heb wastraffu amser. Roeddwn yn falch i'w gael a deall eich bod eich tri yn iach. Cefais ddau gerdyn gyda'r un post oddiwrth Margaret yn dweud wrthyf ei bod hi a Emyr yn iawn. Felly rwyf yn hapus heddiw wedi cael cymaint o newyddion da. Rwy'n deall dy fod yn mynd draw attynt dydd Pen Blwydd Emyr. Rwy'n siwr y bydd llawer o bethau ffein i fwyta yno y diwrnod hwnnw. Mi hoffwn innau fod yno hefyd. Ond dyna fe gan na fyddaf bydd mwy o shar i ti. Rwyf fi yn iawn ac yn saff ar hyn o bryd ac yn ddiolchgar iawn am bob llythyr a pheth hanes ynddo. Diolch i ti am ysgrifennu a cofia wneud dy oreu yn yr ysgol. Mae'r tywydd twym yn dechreu unwaith eto yn yr

Gartref ym Mhentre-cwrt, roedd ei chwaer fach, Megan Eluned (Meg), yn byw gyda'i mam, a'i chof hi yw am ei mam a hithau yn gweddïo wrth ei gwely am ddychwelyd diogel y mab a'r brawd hynaf o'r rhyfel. Roedd ei frawd Edwin yn gweithio fel 'shunter' gyda'r G.W.R. yn Felin Brân, ger Glyn-nedd.

Hoffai T. Llew anfon cerddi, telynegion yn arbennig, adref at ei fam o'r Aifft a Libya. Anfonai hithau ei gynnyrch ymlaen i eisteddfodau'r fro. Erys un cywydd graenus o'i waith.

Yn dilyn llwyddiant y Cynghreiriau ym mrwydr El Alamein, symudodd T. Llew gyda'r Awyrlu i Libya ac wedyn croesi'r Môr Canoldir i Taranto gan ddilyn gwthiad y llinell flaen i fyny'r Eidal tuag at Napoli a Rhufain. (Roedd ei frawd-yng-nghyfraith, y Capten Jac Alun, yn Anzio bron yr un pryd, ond ni wyddai'r naill un na'r llall am y cyd-ddigwyddiad).

Daeth T. Llew ac aelodau o'r Awyrlu ar draws abaty enwog Monte Cassino, a'i gynllun pensaernïol trawiadol a'i gasgliad amhrisiadwy o luniau clasurol, wedi ei falurio'n bentwr o rwbel. Oherwydd ei safle strategol ar gopa hen losgfynydd a godai o'r tiroedd gwastad i bob cyfeiriad, roedd iddo bwysigrwydd militaraidd o safbwynt rheoli symudiadau'r byddinoedd i'r naill gyfeiriad a'r llall. Credai'r Cynghreiriaid fod yr Abaty a'r tir o'i amgylch yn llochesu miloedd o Almaenwyr mewn tyllau dyfnion. Disgynnodd cawodydd o fomiau nerthol ar yr adeilad a'i ddiddymu. Fe'i dinistriwyd yn llwyr mewn tair awr. Er hynny, dim ond ychydig o Almaenwyr a ddarganfuwyd. Bu'r pris yn ddrud a chollwyd llawer o fywydau.

Ailadeiladwyd Abaty Monte Cassino yn gyfan ar ôl y rhyfel.

Dinistr oddeutu Monte Cassino (rhwng Roma a Napoli).

Anfonodd T. Llew un llythyr arbennig adref o'r Eidal, wedi iddo fynd am dro ar fore Sul ar hyd lôn gul, nid nepell o Monte Cassino.

Roedd awyren fechan yn hedfan uwch maes y gad yn chwistrellu diheintydd dros y cyrff. Yng nghanol y dinistr, roedd pentyrrau o annibendod rhyfel modern – cerbydau a thanciau drylliedig, ac offer o bob math, fel gwrec ar draeth ar ôl storm. Mewn llannerch yng nghanol coed ar ddôl gyfagos ... roedd hen Eidalwr a'i ych a'i arad yn aredig. Ie, yn aredig fel 'tai dim byd yn bod! Roedd hi'n wanwyn a'r pridd yn galw am ei drin, ac roedd e fel ei dad a'i gyndeidiau, wedi ateb yr alwad. Roedd amser fel petai wedi aros. Pam na fyddai neb wedi dwyn ei fustach? Yr oedd yr holl anwareidd-dra wedi ymddangos mor ddwl a diystyr.

Cadwyd y llythyr yn ddiogel oherwydd iddo amlygu yn gynnar iawn ddawn y cyfarwydd, y llenor a'r bardd.

Daeth diwedd y rhyfel a ches i fy rhyddhau i ddychwelyd at fy nheulu a 'mhobol a chael cyfle i fyw'n naturiol unwaith eto.

Treuliais dair blynedd a hanner anhapus ymhell oddi cartre ... a minnau a Marged newydd briodi ac roeddwn heb weld fy mab Emyr.

Seilo, capel yr Annibynwyr, Llangeler.

Ym mlynyddoedd yr Ail Ryfel Byd, pan oedd T. Llew Jones yn gwasanaethu gyda'r Awyrlu yn yr Aifft ac yn yr Eidal, cynhelid eisteddfodau ym mis Mai yng nghapel Seilo, Llangeler. Anfonai ei fam raglen yr eisteddfod at ei mab yn yr Aifft, ac anfonai ef yn ei dro delynegion, englynion a chywyddau naill ai at ei fam neu at yr ysgrifennydd.

Wrth i'r cystadlu gynyddu a pheri i'r eisteddfodau fynd ymlaen hyd oriau mân y boreau Sul, penderfynwyd symud yr 'eisteddfod fawr' i Neuadd y Ddraig Goch, Dre-fach-Felindre a Neuadd Llandysul, bob yn ail flwyddyn, i ddechrau.

Anfonodd T. Llew Jones y delyneg ganlynol, 'Llwybrau Hedd', o Libya i gystadleuaeth y delyneg yn Eisteddfod Siloh, 1946:

Rhaid i mi fynd yn ôl cyn hir
    I dir y dolydd gleision.
Rwy'n clywed galw'r lleisiau pell
    Yng nghyfrin gell fy nghalon.

Rhaid i mi fynd i weld y ffa
    A'r lili gynta'n agor,
I weld melynlliw'r perthi llawn
    A'r mawn yn gwrido'n borffor.

Rhaid i mi fynd yn ôl cyn hir
    Yn ôl i'r tir a garaf,
Mae lliwiau'r haf ar ddail a llwyn
    Yn galw'n fwyn amdanaf.

Ar fryniau'r tywod maith di-floedd
    Ym merw'r strydoedd llawnion,
Rwy'n clywed galw'r llwybrau pell
    Yng nghyfrin gell fy nghalon.

T. Llew Jones

Adfeilion hardd a hanesyddol bwysig
o'r golud a fu – yn Rhufain.

Pan oedd T. Llew yn agosáu at Rufain, cafwyd gwybodaeth 'fod y ddwy ochr wedi dod i gytundeb nad oedd y naill un na'r llall i fomio na defnyddio arfau rhyfel tu fewn i'r ddinas'. Felly, ni fu brwydro ar strydoedd Rhufain o gwbl, a thrwy hynny llwyddodd i osgoi'r llanast a oedd o'i chwmpas ymhob man. Trefnwyd i dynnu tocyn allan o het fel y gallai'r milwyr benderfynu pwy a gâi'r siawns i fynd mewn i'r 'ddinas dragwyddol' am ddiwrnod i flasu ei hysblander. Ni fu T. Llew Jones yn lwcus.

Pan ddychwelodd T. Llew o'r Aifft a'r Eidal, lle bu am bron i bedair blynedd, rhoddodd ei fryd ar fod yn athro ysgol. Fe'i gwrthodwyd gan Goleg y Drindod, Caerfyrddin, pan oedd yn ddeunaw oed. Ond meddai yn ei gyfrol *Fy Mhobol i*: 'Yn rhyfedd iawn ... fe gefais fy nyrchafu'n Gymrawd gan y coleg hwnnw pan own i'n bedwar ugain oed'.

Plant Esther a Joshua Jones ar glos y Cilie. O'r chwith: Jeremy, Elfan, Margaret Enidwen (Magi – Mrs T. Llew), Myfanwy, John Alun a Rachel (brodyr a chwiorydd-yng-nghyfraith T. Llew).

John Alun Jones, neu'r Capten Jac Alun – brawd-yng-nghyfraith T. Llew Jones – yn ei wisg ffurfiol fel capten a'r sigâr a ddôi allan ar achlysuron arbennig. Cododd ddau fyngalo ar bwys Dôl-nant – Pentir a Tawel Fôr – ond ni ddaeth i fyw yno am fod gormod o glonc ym mywyd y pentre. Roedd y capten yn gymeriad, yn gynganeddwr ac yn Gardi.

Or chwith: Ryda Banks (cyfnither), Margaret, Esther, Ann (merch Ryda), Elfan. Yn y blaen: Emyr Llywelyn (gyda'r cylch a bachyn), ac Alan Banks (cefnder).

Trecregyn East oedd cartre Esther Jones (mam-yng-nghyfraith T. Llew Jones). Bu Margaret Enidwen (gwraig T. Llew) yn byw gyda'i mam trwy gydol yr Ail Ryfel Byd. Ganwyd Emyr Llywelyn a Iolo Ceredig (yn ddiweddarach) yno. Dychwelodd James Elfan (brawd-yng-nghyfraith arall) o Heddlu Metropolitan Llundain yn y 1940au hwyr a bu'n byw gyda'i fam trwy gydol ei oes. Wedi i T. Llew Jones ddychwelyd o'r rhyfel bu ei deulu yn byw am gyfnod pellach yn Nhrecregyn, yna yn Nolwylan (Llangrannog), Cartrefle (Bwlch-y-groes), Tŷ'r Ysgol (Coed-y-bryn) cyn ymddeol i Ddôl-nant, Heol y Beirdd, Pontgarreg.

Margaret Enidwen, gwraig T. Llew Jones, yn codi tatws a bresych o'u gardd gymen yn Nôl-nant. Cadwai'r ddau bâm bychan o lysiau, o'r un maint â'r lawnt, a oedd yn cynnwys pys, ffa, cinabêns a letys.

Cofrestrir Heol y Beirdd yn y rhestr o etholwyr plwyf Llangrannog.

Y tu ôl i T. Llew Jones a Margaret Enidwen gwelir, o'r chwith: Tawel Fôr (a adeiladwyd ar gyfer y Capten Jac Alun), Dôl-nant (cartref T. Llew a'r teulu), Pentalar (a adeiladwyd ar gyfer Alun Jeremiah, y Cilie), Pentir (a adeiladwyd ar gyfer y Capen Jac Alun), Pennant (a adeiladwyd ar gyfer Capten George Jones).

Daeth T. Llew a'r teulu i fyw i Ddôl-nant o Dŷ'r Ysgol, Coed-y-bryn ar ei ymddeoliad.

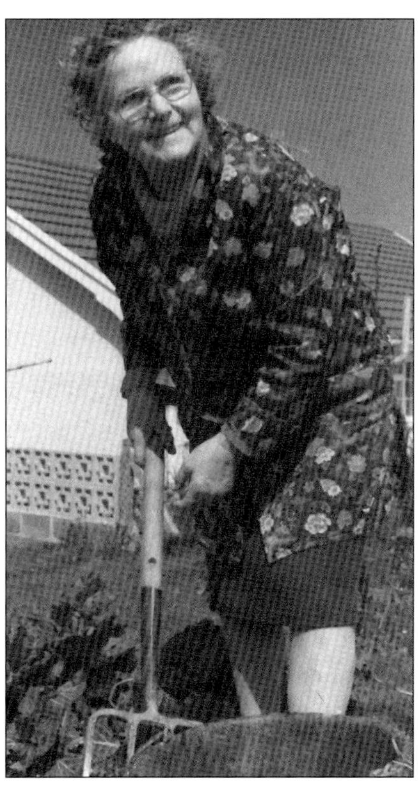

Wedi byw yn Nhrecregyn East ac yn Nolwylan, nid rhyfedd i T. Llew lunio ei gerdd 'Traeth y Pigyn', sy'n seiliedig ar ei brofiadau glan môr, ynghyd ag amryw o rai eraill.

Traeth y Pigyn

Ddoi di gen i i Draeth y Pigyn
Lle mae'r môr yn bwrw'i ewyn?
Ddoi di gen i? Ddoi di gen i?
Ddoi di ddim?

Ddoi di i godi castell tywod
A rhoi cregyn am ei waelod?
Ddoi di gen i? Ddoi di –
Ddoi di ddim?

Fe gawn yno wylio'r llongau
A chawn redeg ras â'r tonnau,
Ddoi di gen i?
Ddoi di ddim?

O, mae'n braf ar Draeth y Pigyn
Lle mae'r môr yn bwrw'i ewyn,
Pan fo'r awel ar y creigiau,
Pan fo'r haul ar las y tonnau.
Tyrd gen i i Draeth y Pigyn,
Fe gawn wyliau hapus wedyn.
Ddoi di gen i? Ddoi di gen i?
Gwn y doi!

Yr Athro a'r Ysgolfeistr

T. Llew Jones

Dosbarth yn Ysgol Gynradd Aberteifi gyda Mr W. J. Morgan (y prifathro) a T. Llew Jones fel athro teithiol. Roedd yr ysgol ddeulawr wedi ei lleoli ym Mhen-dre – ar safle'r ganolfan iechyd heddiw. Yng nghyfnod cyntaf Donald Davies fel athro (1924–31) roedd y babanod a'r bechgyn ar y llawr isaf a'r merched ar y llawr uchaf.

T. Ll. Stephens – ysgolfeistr Ysgol Talgarreg.

Ar ddiwedd yr Ail Ryfel Byd mynychodd T. Llew Jones gwrs carlam blwyddyn ar gyfer ennill tystysgrif athro – yng Ngholeg Hyfforddi Athrawon Caerdydd. Ac ar rai o'i wythnosau ymarfer dysgu, bu'n ymweld ag ysgolion yn y Borth, Aberteifi a Phontgarreg. Bu wedyn yn athro dosbarth dan y Gamaliel hwnnw, Tom Llewelyn Stephens, yn Nhalgarreg, gan ennill profiad a hyder amhrisiadwy.

Y Gwladgarwr

Derbyniodd Gymru yn dreftadaeth dlawd,
    A charodd bridd ei daear lwyd, a'i llên;
Ysgwyddodd ei gofidiau er pob gwawd,
    Ac aeth i'r gad fel meibion Llywarch Hen.
Safodd yn rhengoedd tenau'r ffyddlon rai,
    Bu'n gadarn ymhob brwydr gyda hwy.
Ac wedi'i golli ef bydd un yn llai
    I warchod wrth y Rhyd-ym-Morlas mwy.
Gwariodd ei nerth a'i nwyf, heb chwennych elw,
    Yn cario'n baner racs o lan i lan;
Bydd Cymru'n dlotach heb ei marchog gwelw,
    Heb argyhoeddiad ei leferydd gwan.
Fe losgai ynddo fflam, a'i lludw sydd
Ym Mhisgah heno dan y pentwr prudd.

T. Llew Jones

T. Llew Jones

Ysgolfeistr Tre-groes.

Ysgol Tre-groes: dosbarth T. Llew Jones, 1957.

Rhes gefn, o'r chwith i'r dde: Vernon Davies, Blaencefel; David Jones, Bronant; Mair Jones, Blaenhowell.

Ail res o'r cefn: Ken Evans, Fforest Newydd; Ken Lewis, Tancoedbach; Anne Evans, Tanybryn; Mary Evans, Tanybryn; Jenny Evans, Pengraig; Meg Davies, Blaencefel.

Ail res o'r blaen: Oliver Jones, Llwynteg; Keith Jones, Bont y Bargoed; Alun Lewis, Tancoedbach; Wyn Lewis, Tynewydd.

Rhes flaen: Beti Thomas, Pantfeillionen; Audrey Jones, Yetgoch; Wyn Jones, Windsor Hall; Iolo Jones, Cartrefle (mab T. Llew); Ian Evans, Ffynnon Wen; Peter Jones, Pantydefaid.

Atgofion am T. Llew Jones

Gwrando arno yn dweud storïau oedd yn rhoi'r pleser mwyaf i mi. Gwyddai'n union beth oedd yn denu'r sylw, a llwyddai bob amser i greu'r union naws, boed stori antur, stori ddirgelwch neu stori dro trwstan. Tybed ai'r straeon yma a fu'n sail i'w gyfraniad i lenyddiaeth plant yn y dyfodol?

Cofiaf sgrifennu traethodau a storïau. Weithiau deuai'r cyfle i wrando neu i ddarllen gwaith ein gilydd. Pleidleisio wedyn pa un oedd orau yn ein barn ni, cyn i'r meistr ei hun leisio barn. ('Does dim byd newydd mewn asesu!)

Rwy'n cofio symud i stafell Mr Jones a sylwi ar luniau'r blodau gwyllt fel border o amgylch y stafell. Ger pob llun, mewn ysgrifen daclus, roedd yr enw, y disgrifiad a'r manylion amdanynt. Treuliais lawer munud bleserus yn astudio'r rhain. Erys y rhan fwyaf o'r enwau Cymraeg yn y cof hyd heddiw, yn ogystal â'm diddordeb mawr ym myd natur.

Atgof arall sydd gennyf yw'r gwersi gramadeg cyson, a bu hyn yn sail gadarn i'm haddysg uwchradd ymhen amser. Byddem yn sgrifennu brawddegau i gadarnhau ein dealltwriaeth o'r hyn oedd dan sylw. Teimlaf yn ddyledus hyd heddiw am yr arweiniad cadarn a gefais ganddo.

Beti Thomas

T. Llew (Mr Jones i mi) – fy Arwr

Gŵr a fedrai ddenu parch ei ddisgyblion oedd Mr Jones; roedd ganddo bŵer a dawn i chwistrellu addysg i'n hymennydd mewn ffordd mor hudolus, pleserus a chlyfar, gan adael pob pwnc yn bwysig a bythgofiadwy. Dysgai fathemateg fel barddoniaeth, gan roi 'tips' bach ar sut i symleiddio'r gwaith a'i wneud yn haws i gael yr atebion yn gywir.

Mwynhad pur oedd chwaraeon yr ysgol, gyda Mr Jones bob amser yn cymryd rhan – criced, pêl-droed ac yn y blaen. Y merched a'r bechgyn yn gymysg yn y timau. Gwers arall i'n gwneud yn fwy cystadleuol efallai!

I mi, y profiad mwyaf gwefreiddiol oedd y stori a gaem ar ddiwedd pob prynhawn. Byddem yn ymdrechu i orffen y gwersi gan edrych ymlaen am ran nesaf y stori. Adroddai Mr Jones y stori mewn llais hudolus, gan ddod â phob cymeriad yn fyw, a bron na fedrwn eu gweld wrth iddo newid ei lais o gryfder anferthol i'r sibrwd teimladwy yr oedd ei angen weithiau. Byddai'r dosbarth yn stond ac yn ddistaw a phawb wedi ei fesmereiddio. Gorffennai bob rhan o'r storïau gan ein gadael mewn petruster, ond rhaid fyddai aros tan y diwrnod wedyn.

Rwy'n ystyried yr addysg a roddodd i mi yn amhrisiadwy a diolchaf am imi gael y fraint o fod yn un o'i ddisgyblion. Boed i'w ddylanwad fod o fudd i holl blant y dyfodol drwy ddarllen ei lyfrau.

Audrey Jones (Baker), Yetgoch gynt

Pan oedd T. Llew ar gyfnod ymarfer dysgu yn Ysgol Pontgarreg ym 1948, un o'i ddisgyblion oedd Aures Rees, Pwllywhîl. Meddai hi: 'Roedd yn athro mwyn a charedig, a'r ddawn ganddo i ddal ein sylw a'n meddyliau ieuanc, chwilfrydig. Tynnai blant i sylwi ac i wrando arno trwy ei lais soniarus a'i wên a'i ymarweddiad cynnes'.

Addysgwyd Margaret Enidwen – gwraig T. Llew – pan oedd hi'n ferch ieuanc ar aelwyd y Gaerwen ym Mhontgarreg. Hefyd eu mab hynaf, Emyr Llywelyn. Ond bu Iolo Ceredig, yr ail fab, yn ddisgybl yn ysgolion Tre-groes a Choed-y-bryn pan oedd ei dad yn ysgolfeistr yn yr ysgolion a nodwyd.

Yn ystod ei gyfnod fel ysgolfeistr yn Nhre-groes yn y pumdegau, cadwai T. Llew Jones ddosbarth nos yn yr ysgol i ddysgu'r cynganeddion. Dôi 8–9 i'r dosbarth, ac yn eu plith roedd D. T. Lewis, Gwyn Jones (Parc Nest) a'r John Gwilym Jones ieuanc, 13 oed, a theithient draw mewn 'pick-up'.

'Bues yno am ddau aeaf ac erbyn hynny roeddwn yn medru gweithio englyn,' meddai John. 'Roedd T. Llew yn athro amyneddgar a hoffai i'r disgyblion roi ychydig farddoniaeth a delwedd yn eu hymdrechion.'

Mynychai Dai Rees Dafis ddosbarth dysgu cynghanedd yn Felin-fach yng ngofal y Parchedig Gerallt Jones. Yna ymunodd â dosbarth T. Llew Jones yn neuadd Ffostrasol. Ymhlith yr aelodau yr oedd Emyr Llywelyn, Edwin Jones (a disgyblion chweched dosbarth o Lambed), Anita Evans (Rhosydd) a Handel Evans (Garej Horeb).

Cynhaliai T. Llew ddosbarth tebyg yn Aberteifi, a'r dysgwyr yno oedd Dewi Davies, Alun James, Emyr Jones (Oernant), Gwynfi Jenkins, Dafydd Wyn Jones, Ceri Wyn Jones, Arwel Jones, D. T. Lewis a Pat Neil.

Gyferbyn, ar dudalen 53, Ysgol Gynradd Coed-y-bryn, gyda'r Prifathro, T. Llew Jones, ac athrawes y babanod, Mrs Lewis.

Rhes ôl, o'r chwith i'r dde: Mari Lewis, Pantbach (athrawes); Gareth Evans, Glynhynod (m); John Thomas, Arwel; Ian Rees, Blaenllan (m); Maureen Evans, Pantdafydd; Deanna Driscoll, Winllan; Margaret Cook, Tŷ'r Ardd; Iolo Jones, Tŷ'r Ysgol; Eirian Evans, Brynhawen; Keith Evans, Tegfan; T. Llew Jones, Tŷ'r Ysgol.

Rhes ganol: Beryl Cook, Tŷ'r Ardd; Ann Evans, Glynhynod; Elizabeth Rees, Blaenllan (m); Mair Jones, Penbeili; Valerie Evans, Brynhyfryd; Heather O'Connor, Nantgwylan; Esther Thomas, Glenydd, Rhydlewis; Ann Jenkins, Parcyrhadau; Dilys Davies, Brynhyfryd; June Freeman, Bryngwernant; Alana Freeman, Bryngwernant; Dilys Evans, 3 Tai Cyngor.

Rhes flaen: Michael Lewis, Rectory; Glenville Driscoll, Winllan (m); David Rees, Blaenllan (m); Tudor Evans, 3 Tai Cyngor (m); Brian Cook, Tŷ'r Ardd; Dei James, 6 Tai Cyngor; John Evans, 3 Tai Cyngor.

... Yng Nghoed-y-bryn y dechreuais i sgrifennu un ar ôl y llall o'r nofelau i blant ... Fe fyddwn i'n sgrifennu pennod newydd o leiaf bob wythnos ac yn ei darllen wedyn i'r plant ar brynhawn Gwener ... Os oedd eu hymateb hwy'n ffafriol, yna byddai'r bennod yn mynd yn syth yn rhan o'r nofel newydd. Os nad oedd, byddai raid ailysgrifennu'r bennod i gyd yn aml iawn ...'

Ysgol Gymraeg gant y cant oedd Coed-y-bryn – fel Tre-groes. Yr unig wahaniaeth oedd fod dau neu dri 'dysgwr' ymysg y disgyblion yng Nghoed-y-bryn. Ond roedd y rheini hefyd yn rhugl eu Cymraeg.

Fy Mhobol i

Dyma dystiolaeth un o'i gyn-ddisgyblion o Goed-y-bryn:

Roedd yn ddisgyblwr cyson a'i air yn ddeddf – yn hytrach na'n rhieni yn ein golwg ni. Teipiai â dau fys – ei farddoniaeth a'i storïau – ar bapur tenau a'u darllen i ni. Dysgem lawer ohonynt ar ein cof. Sylwai yn ofalus ar ein hymateb. Ni oedd y 'guinea pigs'. Rhaid oedd i'r merched chwarae criced hefyd. Marciai wiced gyda sialc ar fur yr ysgol. Paentiai â'i law chwith oherwydd iddo gael ei orfodi i ddefnyddio'i law dde i ysgrifennu. Bowliai â'i law chwith. Roedd yn ŵr caredig iawn a phob gwers ganddo yn ddiddorol. Os oeddem yn llwyddiannus yn yr '11+' rhoddai ganiatâd i ni a grôt (pedair ceiniog) yn ein llaw i ffonio'n rhieni o Dŷ'r Ysgol. Ond ni fyddai Mrs Jones byth yn codi tâl am yr alwad.

Ysgrifennodd bennill i mi pan es i Ysgol Ramadeg Llandysul. Rwy'n ei gofio o hyd. Dyddiau da!'

T. Llew Jones

Dilys.

Er mai atgofion melys iawn sydd gen i o'r blynyddoedd a dreuliais yn ysgolfeistr Coed-y-bryn, mae yna un atgof yn aros am ddigwyddiad trist a brawychus dros ben.

Fy Mhobol i

Bu farw Dilys, un o'r anwylaf o blant yr ysgol, yn syfrdanol o sydyn ac annisgwyl. Fe'i trawyd yn ystod Cymanfa Ganu Urdd Gobaith Cymru yng Nghapel Seion, Llandysul, gan afiechyd sydyn. Roedd yn wyth oed.

Mynnodd T. Llew lunio cywydd iddi. Mae rhai o'r farn mai dyma ei gerdd orau. Dim ond rhywun a oedd wedi teimlo'r angerdd i'r byw a fyddai wedi creu cerdd mor gofiadwy. Roedd fel petai wedi canu a galaru ar ran ysgol a bro gyfan.

Dilys, fy mechan annwyl,
Mor iach yn llamu i'r ŵyl;
Wrth fyned – deced â'r dydd
Ei gwên hi a'i gŵn newydd.

Hwyr y dydd ni throes o'r daith
Dilys i Argoed eilwaith.
O'r ysgariad ofnadwy!
Mae'r Angau mawr rhyngom mwy.

Distaw dan y glaw a'r gwlith
Yw y gân, ym Mryngwenith,
Difai wyrth ei phrydferthwch
Yma'n y llan roed mewn llwch,
A gwae fi, mor ddrwg fy hwyl,
Blin heb fy nisgybl annwyl;
Harddach na blodau'r gerddi
Fy Nilys ddawnus oedd hi.

I'w hoergell aeth o Argoed
Ddiniweidrwydd wythmlwydd oed …

Erys hi fyth yn ifanc,
Llon ei phryd, llawen ei phranc,
Yn ein co'n dirion a del,
Nos da, fy Nilys dawel.

Eisteddfodau a Chadeiriau

T. Llew Jones

Pan oedd yn byw yn Nolwylan, Llangrannog, ac ychydig wedi dwy flynedd ers iddo gael ei ryddhau o'r Awyrlu ar ddiwedd yr Ail Ryfel Byd, enillodd T. Llew Jones ei ail gadair ar bymtheg. Roedd yn un o un ar ddeg o gystadleuwyr pan enillodd gadair Eisteddfod Lewis's, Lerpwl, ac yntau yn 34 mlwydd oed ar y pryd (1950). Roedd dewis o dri thestun: 'Y Storm', 'Yr Antur Fawr' neu 'Ann Griffiths'.

Derbyniodd ganmoliaeth gan y beirniad, Cynan, am ei waith artistig, ei ddewis o destun a'i gynildeb. Roedd ei arddull yn lân, yn llawn dychymyg barddonol ac roedd y canu yn cyffwrdd â'r galon. Canodd T. Llew am ddiddymu'r mynachlogydd trwy fyfyrdod mynach o Ystrad Fflur.

Cynulleidfa Eisteddfod Lewis's, Lerpwl. Roedd y neuadd fawr a ddefnyddid ar gyfer eisteddfodau ar lawr ucha'r siop enwog.

T. Llew Jones yng nghwmni'r Prifardd Dewi Emrys a chwythwr y 'corn gwlad' wedi iddo ennill coron eisteddfod Talgarreg. Câi'r goron hardd le blaenllaw ac arbennig yn lolfa Dôl-nant, oherwydd ei harwyddocâd a cheinder ei gwneuthuriad.

T. Llew Jones, enillydd cadair Gŵyl Fawr Aberteifi, yn cael ei hebrwng i'r llwyfan yn yr hen babell fawr gan y Parchedig C. Currie Hughes (cadeirydd y pwyllgor llên) a'r Parchedig Roger Jones (aelod o'r pwyllgor llên). Y beirniad oedd yr Archdderwydd William Morris a rhoddodd glod aruchel i T. Llew am ei gerdd i'r 'Gwrthryfelwr'. Byrdwn ei thema oedd diddymiad yr Abaty yn Ystrad Fflur ac un mynach yn cael lloches yn Nanteos.

Ym mis Mehefin 1985, roedd T. Llew yn beirniadu yng Ngŵyl Fawr Aberteifi, pan ddigwyddodd tro trwstan:

> Collais fy meirniadaeth, a bu chwilio mawr amdani. Penderfynais siarad o'm co', ac o'r frest. Wedyn daeth rhywun i ddweud fy mod wedi gadael golau ar y car yn y maes parcio. Mynd trwy'r glaw a'r llaid ... a chael y feirniadaeth ar lawr fan honno.

T. Llew Jones (mewn siwt 'sbif', chwedl ef), yn cael ei gadeirio yn Eisteddfod Talaith Gwent.

Galwai Norah Isaac yn Ysgol Tre-groes i arolygu gwaith myfyrwyr a oedd ar ymarfer dysgu. Oherwydd prysurdeb gwaith nid oedd yn gyfleus iddi dderbyn gwahoddiad gan Lorraine Davies o'r BBC i ysgrifennu stori ar gân. Cytunodd T. Llew, yn anfodlon braidd ar y pryd, a bu'r stori'n llwyddiant mawr a chychwynnodd gyfnod cynhyrchiol iawn yn ei fywyd.

'Mae'n debyg fod 'na ddealltwriaeth feddyliol rhyngof fi a Lorraine. Fe gefais i gyfle i ddod ar fy nhra'd. Roeddwn i'n byw'n dlawd iawn cyn hynny – tri chant a chwe deg oedd fy nghyflog i at gadw dau o blant, talu rhent a rhedeg car,' meddai. Ac ymhellach: 'Rwy'n ddiolchgar iawn i R. Alun Edwards, Llyfrgellydd Dyfed – yn fwy na neb. Dyna'r dyn o'dd yn deall fy nghymeriad i rywsut – oherwydd rwy'n ddyn y mae'n rhaid i fi ga'l fy nghanmol a 'nghymell, neu rwy'n torri fy nghalon'.

Bu R. Alun Edwards yn weithgar o blaid sefydlu cnewyllyn o sgrifenwyr o fewn Sir Aberteifi. A'r cynnyrch cyntaf oedd *Cen Ceredigion* – llyfr darllen ar gyfer ysgolion. Bu gwerthu da arno. 'Roedd gen i stori ynddo,' medd T. Llew, 'a fan'na gychwynnes i ysgrifennu i blant'.

Bu T. Llew yn aelod o'r panel ysgrifenwyr hwnnw am flynyddoedd. Cyhoeddwyd *Storïau Awr Hamdden*. Datblygodd y fenter i fod yn Gymdeithas Lyfrau Ceredigion

T. Llew Jones

Cynhadledd Llyfrau Cymraeg Plas y Cilgwyn, 1952. T. Llew Jones yw'r cyntaf ar y dde yn y rhes gefn.

Mae'n ormod o demtasiwn i mi beidio â chyfeirio at y gystadleuaeth gyntaf am lyfr cyflawn. Buom cyn hynny yn fodlon ar storïau byrion. Dydd Sadwrn oedd y diwrnod olaf i dderbyn y cyfansoddiadau a gwyddwn i fod Llew yn brysur yn ysgrifennu ei nofel gyntaf; ond pan euthum heibio dydd Sadwrn nid oedd yn barod, ac ni fyddai tan y dydd Mercher canlynol.

Rwy'n meddwl i mi arogli llwyddiant, a bodlonais gau fy llygaid ar reolau a galw heibio eto nos Fercher. Yn wir, yr oedd wedi gorffen, a llawysgrif *Trysor Plasywernen* yn fy llaw. Mae hwn wedi profi yn un o'r llyfrau mwyaf llwyddiannus, wedi mynd i sawl argraffiad ac wedi bod ar restr llyfrau gosod y Cyd-bwyllgor Addysg am flynyddoedd. Ar ôl cael llwyddiant mor ysgubol gyda'i lyfr cyntaf, aeth T. Llew Jones o nerth i nerth. Ar wahân i'w grefft fel storïwr, ei brif ogoniant yw cyfoeth naturiol ei iaith, ac yma gwelwn ddawn y bardd ar ei gorau. O, na fyddai mwy o feirdd Cymru wedi troi i fyd llenyddiaeth plant am gynulleidfa ehangach!

Alun R. Edwards
Yr Hedyn Mwstard (1980)

Yn fuan wedyn aeth T. Llew ati i ysgrifennu ar ei ben ei hun a chyhoeddwyd *Trysor Plasywernen* ym 1958.

Dywedodd Islwyn Ffowc Elis fod T. Llew Jones yn feistr ar y grefft o lunio nofel gyffrous. Dywedodd hefyd nad denu plant i ddarllen Cymraeg yw'r unig beth o bwys ond hogi eu chwaeth at lenyddiaeth hefyd.

T. Llew Jones

Ffermdy'r Cilie (1970au). Dyma'r pedwerydd anhedd-dy ar y safle ers y bedwaredd ganrif ar ddeg. Adeiladwyd y tŷ a welir yn y llun ym 1936. Hefyd gwelir darn o'r hen dŷ, y cwrt, y gweithdy, y cartws ('coach-house'), y sta'r i fynd i'r storws a'r tai mas. Alun Jeremiah, Lizzie ei wraig a'u mab Dylan a oedd yn byw yn y Cilie ers 1936. Wedi marw annhymig Lizzie o'r diciâu, daeth Mary Hannah (chwaer Alun) gartref i ofalu am y teulu. Yna bu Olwen (Lloyd), nith, yn helpu yn achlysurol i gynnal yr aelwyd. Symudodd Alun i Bentalar, Heol y Beirdd, Pontgarreg, ym 1970.

Yn Athen y Cilie y cyfarfu'r beirdd, ac yng nghegin y Cilie y sefydlwyd y traddodiad o gyfarfod i drafod cyfansoddiadau'r Eisteddfod Genedlaethol, gydag 'S.B.' yn y gadair. Gydag amser symudodd y 'cwrdd' i Festri Capel-y-wig, Ysgol Pontgarreg, Neuadd Goffa Pontgarreg a Chaffi'r Emlyn, Tan-y-groes. T. Llew a fu'n cadeirio wedi marwolaeth S.B.

Roedd T. Llew yn aelod o dîm ymryson enwog a diguro Sir Aberteifi, a byddent yn cystadlu mewn eisteddfodau ac mewn ymrysonau ar y radio o Abertawe. Yno o flaen y Meuryn gwreiddiol cyfyngid y marciau i ddau farc a llai.

Yn y llun gwelir (o'r chwith): Evan Jenkins (Ffair-rhos), Alun Cilie, T. Llew Jones a Dafydd Jones (hefyd o Ffair-rhos). Bu Isfoel hefyd yn aelod o'r tîm am gyfnod. Gwefr oedd clywed T. Llew yn darllen un o englynion enwocaf y tîm, 'Yr Hen Efail':

Y gêr dan rwd seguryd – a'r taw hir
Lle bu'r taro diwyd;
A wêl fwth ac efail fud
A wêl fedd hen gelfyddyd.

Helem Alun Cilie

Adeilad euraid Alun, – a diddos
Dŷ o haidd amheuthun,
Yn gwarchod dan y to tynn
Ei gynhaeaf – rhag newyn.

Ysblennydd gaer nas planiwyd, – nid â sinc
Fel gwneud sied y'i towyd;
O'r tywys melyn lluniwyd
Gwrhydri o bantri bwyd.

Ond dwyreinwynt oer yno – ddaw â'i gorn;
Fydd y gaer yn syrthio?
Dim ffier! Deil i'w herio
Ar waetha'i rym aruthr o.

Di, oer wynt, mor arw dy drem – hen chwalwr,
Ni ddymchweli'r helem;
Deil hi er dy ddyrnod lem
Ar ei sail fel Caersalem!

T. Llew Jones

Blodeuodd cyfeillgarwch T. Llew ac Alun wedi iddo ddod yn rhan o'r teulu drwy briodas. Enillodd lu o gadeiriau eraill a llawryfon eisteddfodol. Daeth i amlygrwydd fel beirniad eisteddfod ac ymryson, fel darlithydd a diddanwr, ac fel awdur llyfrau i blant ac oedolion.

Yn wir, cyn i Alun adnabod T. Llew nid oedd wedi cystadlu llawer, os o gwbl, yn y Genedlaethol. Enynnodd T. Llew yr awydd i gystadlu yn Alun, gyda'r canlyniad iddo ennill gwobr am ei gywydd i'r 'Bae' yn Eisteddfod Genedlaethol Caernarfon ym 1959, a Llew yn ennill ei ail gadair yn yr un Brifwyl.

11 Mawrth, 1996:
Bu hwn yna aeaf caled, ac mae'n dal gyda ni. Mae'n 'hirlwm' fel y dywedai Alun Cilie.

'Y trist wynt yn bwyta'r stôr
Hyd y dim rhwng dau dymor.'

Ni ŵyr pawb i Alun feddwl yn gyntaf am 'Yr 'east wind' yn bwyta'r stôr ...' Ond ni wnâi hynny ddim mo'r tro.

Dyddiaduron T. Llew Jones

Ar faes yr Eisteddfod Genedlaethol. O'r chwith: Sam Jones (cynhyrchydd radio gyda'r BBC), T. Llew Jones, Tydfor, Dic Jones, ac Alun Jeremiah y Cilie.

Ymryson y Beirdd, Plas y Cilgwyn, Castellnewydd Emlyn a Ffair yr Urdd. O'r chwith: T. Llew Jones, Dic Jones, Alun Cilie, ac Eifion Lewis y tu ôl i Alun.

Annwyl Llew,

Wel dyna'ch llun – yn y cae'n
Ceisio cyrch i'r englyn;
Yn wir, da fu rhoi o'r dyn
Liw'r lili ar ael Alun.

Ymrysonwr arall

T. Llew Jones

Gyferbyn, ar dudalen 69, llun o T. Llew Jones a gomisiynwyd gan Nan Davies, ar ran BBC Cymru. Y cymwynaswr pennaf i lenyddiaeth plant Cymru.

Roedd Nan Davies, cynhyrchydd gyda'r BBC yng Nghaerdydd, yn awyddus i greu rhaglen ar englyn buddugol T. Llew Jones yn Eisteddfod Genedlaethol Caerffili ym 1950, 'Ceiliog y Gwynt'. Anfonodd ffotograffydd draw i Goed-y-bryn (ymhen blynyddoedd wedyn) i dynnu llun yr 'aderyn'.

Dyma'r englyn buddugol:

Hen wyliwr fry mewn helynt – yn tin-droi
Tan drawiad y corwynt;
Ar heol fawr y trowynt
Wele sgwâr polîs y gwynt.

Teithiodd dyn camera i lawr i Goed-y-bryn i gyfarfod â'r awdur. Fe'i cyflwynodd ei hunan a gofynnodd: 'Where is the bird?'

Ac meddai T. Llew wrth adrodd y stori yn ei ddull difyr ef ei hun: 'Diawch, am funud roeddwn yn meddwl ei fod ar ôl fy ngwraig!'

'Do you keep it in a cage? Is it a rare bird? Does it have colourful plummage? Does it have its freedom?' gofynnodd y dyn camera

Hebryngodd T. Llew y gŵr draw at eglwys Llangynllo, nid nepell o Goed-y-bryn, eglwys ar gyrion stad Plas y Bronwydd, a chartref Syr Marteine Lloyd. Yna gan bwyntio fry at geiliog y gwynt ar ben tŵr yr eglwys, ebychodd T. Llew:

'There it is, on the crossroads of the winds, directing traffic.'

Ac meddai'r Sais disgwylgar: 'What beautiful imagery!'

'A dyna'r unig ganmoliaeth a gafodd fy englyn buddugol cenedlaethol – gan Sais!'

Dywedodd rhywun o Lundain, mewn llythyr yn *Y Cymro*: 'Mae'n amlwg fod y bardd, pan oedd yn cyfansoddi'r englyn, yn dioddef oddi wrth y gwynt!'

T. Llew Jones

Alan a Janice Llwyd, wrth borth Eglwys Llangynllo, Coed-y-bryn, o dan y tŵr a'r 'Ceiliog y Gwynt'.

Yr Archdderwydd William Morris yn cyhoeddi enw'r bardd buddugol – Thomas Llewelyn Jones, Maes-llyn, Llandysul – a enillodd gadair Eisteddfod Genedlaethol Glyn Ebwy, 1958.

Ym mis Gorffennaf 1958, ac yn ystod darlith gan Waldo Williams yn Neuadd Goffa Pontgarreg, galwyd T. Llew Jones allan gan y Capten Dafydd Jeremiah Williams, Cilwerydd. Cysylltodd â'i wraig yn Nhŷ'r Ysgol yng Nghoed-y-bryn ac fe'i hysbyswyd fod dyn a dynes o Lyn Ebwy wedi galw i'w weld. Cafodd wybodaeth ei fod yn fuddugol yng nghystadleuaeth y Gadair yn yr Eisteddfod Genedlaethol â'i awdl i 'Caerllion-ar-Wysg'. Ymhen deuddydd derbyniodd gadarnhad trwy lythyr swyddogol oddi wrth Gofiadur yr Orsedd, llythyr a gyrhaeddodd ryw wythnos cyn yr Ŵyl, yn ôl yr arfer. Ond pan gyrhaeddodd faes yr Eisteddfod ddiwrnod ynghynt roedd y stori ar led ei fod i'w gadeirio.

T. Llew Jones, bardd cadeiriol Eisteddfod Genedlaethol Cymru, Glyn Ebwy, 1958, yn rhoi'i lofnod i'w edmygwyr ar gae'r Brifwyl. Ar y dde mae Margaret Enidwen, ei wraig.

Lluniodd T. Llew ei awdl 'Caerllion-ar-Wysg' pan oedd yn byw mewn tŷ rhent, Cartrefle, ym mhentre Bwlch-y-groes. Erbyn mis Awst 1958, pryd y'i cadeiriwyd yn Eisteddfod Genedlaethol Glyn Ebwy, roedd ef a'i deulu wedi symud i Dŷ'r Ysgol, Coed-y-bryn.

Roedd Llew arall – Llewelyn Jones, Llanbadarn – eisoes wedi ei goroni ar ddydd Mawrth, a'r si am ei lwyddiant yntau hefyd wedi ymledu dros y maes y diwrnod hwnnw.

Lluniodd Waldo gwpled yn Saesneg am yr amryfusedd:

Unlucky 'lion' leakage,
Two have come out of a cage.

T. Llew Jones

Neuadd Coed-y-bryn. Cwrdd dathlu a chroesawu T. Llew Jones wedi iddo ennill y Gadair am ei awdl, 'Caerllion ar Wysg', yn Eisteddfod Genedlaethol Glyn Ebwy. Ar y llwyfan: Margaret Enidwen, T. Llew Jones, y Parch. S. B. Jones ac Isfoel (yn eistedd). Nythaid o feirdd yn llanw'r ochrau ac yn barod i gyfarch y Prifardd newydd.

Alun Tegryn Davies yn cyfarch T. Llew Jones
ac yn cyfeilio i'w ddatganiad ef ei hun.

Neuadd Coed-y-bryn, Awst 1958.

Roedd tyrfa niferus a theilwng iawn wedi llanw'r neuadd i ddathlu llwyddiant T. Llew Jones yng Nglyn Ebwy. Ymhlith y gynulleidfa (yn y blaen), mae Hywel Heulyn Roberts (ail res, ar y pen, ar y dde) ac Isfoel (y Cilie) yn y drydedd res.

Yn yr awdl a enillodd iddo ef ei gadair gynta' y mae'r ddau air a ysbrydolodd gannoedd o bobol ifanc yn ystod y 70au:

'Tua'r Gorllewin mae Bro Eithinog ...'

Yng nghanol helyntion Mudiad Adfer, roedd T. Llew Jones yn cytuno â'i fab, Emyr Llywelyn, yn union fel y cefnogodd ef yn dawel pan aeth i garchar wedi protest gyda ffrwydrad yn Nhryweryn. Ond fuodd y tad ddim yn amlwg fel ymgyrchydd gwleidyddol. Trwy ddiwylliant yr oedd ei genedlaetholdeb ef yn cael ei ddangos. Roedd straeon a barddoniaeth a chynghanedd ymhlith y 'gwythiennau a'r llinynnau' a'r cyfan yn anodd ei amgyffred i rywun o'r tu allan.

Dylan Iorwerth
'Arswyd y Nos'

Amffitheatr Rufeinig – sy'n
rhan o'r gwersyll hanesyddol
yng Nghaerllion-ar-Wysg.

Oesai gynt ym mynwes Gâl
Hen genedl mewn gwig anial,
Hil â'i gwaith mewn glaw a gwynt –
Diddig fugeiliaid oeddynt,
Rhwng llwyni'r drysi a'r drain
Bu'u trefi cyn bod Rhufain.

Tua'r gorllewin mae bro eithinog
A mawnog lwyd nas myn y goludog;
Yno mae rhyddid trumau mawreddog
A daear a heria frad yr oriog.
Tlawd yw hi, ond hil daeog – ni weli
Yn ei thir hi, na gwenieithwyr euog.

Ffo rhag hoced i nawdd ei rhedyn –
I hedd ei choedydd, a chei wedyn
I fro dy ryddid fwrw dy wreiddyn.
O dref y dolau, gwell draw fai dilyn
Diarddel lwybr y dewrddyn – i'r anial
Na byw ar dâl a bara dy elyn.

T. Llew Jones

T. Llew Jones yn eistedd ar ran o fur yr amffitheatr yng Nghaerllion-ar-Wysg yn ystod ymweliad â'r lle gyda'i deulu ac aelodau o Gymdeithas Ceredigion. Roedd yn llywydd anrhydeddus am oes ac yn un o'r sylfaenwyr, a gyfarfu ym mhlas Glan-eirw, Blaenporth, i sefydlu'r Gymdeithas.

T. Llew yn gwrando ar Eirwyn (Pontsiân) – un o gymeriadau lliwgar bro Siôn Cwilt – yn cyfeirio at fan arbennig yng Nghaerllion-ar-Wysg.

Ebe'r henwr,

'Obry unwaith – roedd llys
Hardd a llawn o obaith;
Crud i hil cewri'r dalaith,
O'i fewn ef bu dirf ein hiaith.'

Hyfryd iawn! Hyfryd iawn!

Detholiad o sylwadau'r tri beirniad ar awdl fuddugol cystadleuaeth y Gadair, Eisteddfod Genedlaethol Cymru, Glyn Ebwy, 1958

Y mae yn y gerdd hon fwy na phroblem Brythoniaid yr ail ganrif ... yr ydym yn synhwyro gogwydd pethau yng Nghymru heddiw, ac mewn llawer gwlad arall ... Nid yw ei gynghanedd yn dibynnu ar ymadroddi llac nac ar amledd ansoddeiriau. Y mae graen farddol ar y gerdd drwyddi.

Thomas Parry

Un lliwgar ei feddwl yw *Emyr* ... Cwyd i'r uchelion yn amlach nag y gellid disgwyl wrth gadw'n agos at galon wedi ei llanw gan un teimlad angerddol heb y lle lleiaf i'r un teimlad arall. Credaf fod *Emyr* wedi canu cerdd gyfan ddofn ac angerddol Geraint Bowen.

D. J. Davies

Hoffais awdl *Emyr* yn syth. Mae'r thema'n glir, a'r pwnc, er yn hen, yn amserol ... Fe'm cefais fy hun yng nghlyw bardd a lefarai'n ddewisol ei eiriau, a hawdd ydoedd ymateb i'w arddull a'i ddeunydd ... Mynegir neges syml y bardd yn ddirodres mewn cyfuniadau cynganeddol newydd, rhyddmau diogel, arddull fachog, a throadau sy'n boddhau.

Geraint Bowen

T. Llew Jones

T. Llew Jones yn cael ei anrhydeddu yn fardd y Gadair, Eisteddfod Genedlaethol Cymru, Caernarfon, 1959, am ei awdl fuddugol, 'Y Dringwr'. Yr Archdderwydd oedd William Morris ac ar y dde iddo yn y llun, Cynan.

Detholiad o sylwadau'r tri beirniad ar awdl fuddugol cystadleuaeth y Gadair, Eisteddfod Genedlaethol Caernarfon, 1959

Yr wyf yn gwbl argyhoeddedig fod cerdd *Heilyn Fab Gwyn*, fel cyfanwaith prydyddol, yn rhagori.

Gwilym R. Tilsley

Y mae *Heilyn Fab Gwyn* yn fwy cytbwys a diogel ... ac felly nid erys i mi ond datgan ... mai *Heilyn Fab Gwyn* a luniodd yr awdl orau a'i fod yn haeddu ei gadeirio.

Thomas Parry

Y mae'r awdur, gyda'i ofal nodweddiadol, wedi ceisio llunio'n gymeradwy a thaclus, ac wedi ehangu ei ganfas ... Rwy'n cytuno ... mai *Heilyn Fab Gwyn* a aeth â hi.

T. H. Parry-Williams

Y Dringwr

I. Doe

Ofnus ei ddod trwy'r ôd a'r rhedyn
Yn wachul-wanllyd i chwilio enllyn;
Roedd gwynt y rhew yn glasu ei ewyn,
Noeth i'w frath ydoedd, heb bwyth o frethyn:
Dringodd hyd grib y dibyn – o'r helfa
Â stori ei yrfa ar gallestr ei erfyn …

II. Heddiw

Fry uwch crib erch y dibyn
Hardd eu gwedd yw'r bröydd gwyn.
Arnynt mae bythol oerni:
O'u llethrau i lawr daw llathr li
Yr *avalanche* a chwerw floedd
Cynnen yr hen ddrycinoedd:
Ac ni thraidd gweniaith yr ha'
I'w claer binaclau eira.

III. Yfory

Hir fu'i daith anorfod o – hir a gŵyr
Ac araf fu'r dringo;
Ennill llethr, yna llithro,
A hawlio'i drum yr ail dro.

T. Llew Jones

O'r chwith: E. Llwyd Williams, T. Llew Jones, Sam Jones (o'r BBC) a Waldo – y tu allan i'r stiwdio ddarlledu ar faes yr Eisteddfod Genedlaethol.

Bu bron i Geredigion a Sir Gâr golli T. Llew Jones wedi i Sam Jones gynnig swydd barhaol iddo gyda'r BBC ym Mangor. Dangosodd T. Llew ddiddordeb mawr yn y swydd ond gwrthododd ei wraig Margaret Enidwen symud i'r Gogledd, gan nad oedd am adael bro ei mebyd a chysylltiadau teuluol.

Roedd T. Llew a Waldo yn gyfeillion mawr.

O bryd i'w gilydd, wrth dân y rŵm ffrynt yn Nhŷ'r Ysgol, Coed-y-bryn, rwy'n meddwl iddo adrodd wrthyf holl hanes ei fywyd ... Yn ei hwyliau gorau nid oedd difyrrach cwmnïwr na Waldo yn y byd, a gallai ddiddanu cwmni o eneidiau hoff cytûn am oriau â rheffyn diddiwedd o storïau am hen gymeriadau annibynnol a hynod a adnabu ... Clywais ef yn dweud iddo eistedd oriau wrtho'i hunan ar y bryn a elwir 'The Hill of Tara', hen gartref Uchel Frenhinoedd Tara – yn myfyrio am hen orffennol y genedl Wyddelig, a bron, meddai ef, na allai weld yr hen ogoniant yn rhithio o flaen ei lygaid wrth eistedd yno.

T. Llew Jones
'Waldo', *Y Cardi* (Chwefror 1972)

Yng nghwmni fy nhad (Capten Jac Alun), T. Llew, Alun, Gwilym Thomas, Edwin Jones ac eraill, cofiaf fynychu darlithiau Waldo yn ystafell Aelwyd yr Urdd, Talgarreg. Roedd gan Waldo gwdyn llwyd, neu 'gwdyn fferet', fel y'i gelwid, ac ynddo y cariai ei 'byjamas', ei aser a'i nodiadau. Wrth ddarlithio, heb ei nodiadau, edrychai i mewn i'r bwced glo a bob hyn a hyn ymestynnai at ei gwdyn . . . ond er y disgwyl a'r dyfalu . . . ni welais ef yn ei agor ac yn datgelu ei drysorau.

(Y Golygydd)

20 Tachwedd, 1957:
Waldo yn swpera gyda
ni – roedd gwell graen arno
neithiwr: siwt deidi, dillad
llwydion, bag lledr i gadw ei
betheuach, mwy 'respectable'
na'r cwdyn fferet!
Waldo wedi gwrthod talu
treth i helpu achosion rhyfelgar.
'Mae'n llwm a'r bwm wedi bod'.
(Efe yn ddiau yw un o'n beirdd
mwyaf yn ein hoes ac yn sicr
yn un o'r mwyaf diwylliedig
yn Ewrop, ar hyn o bryd).

Dyddiaduron T. Llew Jones

O dro i dro gofynnai T. Llew i mi:
'Wyt ti wedi ysgrifennu
rhywbeth yn ddiweddar?'
Ac meddai wedyn:
'Rhaid i ti gario dy ffiol a sefyll
wrth Byrth yr Awen a disgwyl,
yn hir ac yn amyneddgar am
ddiferynion. Rhaid iti wasanaethu'r
Awen a disgwyl yn wylaidd
wrth y porth am ei chardod.'

Wedyn adroddai stori am
Waldo yn gofyn i'w fam unwaith:
'Sut wy'n gallu sgrifennu
un diwrnod, a thrannoeth
yn methu sgrifennu dim?'
'Dyna beth yw ysbrydoliaeth,'
meddai'i fam.
'Beth yw hwnnw?'
gofynnodd Waldo.
'O! Duw yn helpu'r
bardd,' oedd yr ateb.
'Ble mae e pan 'dwi isie Fe 'te!'

Wedi i mi ddangos yr englynion
coffa a luniais er cof am ein
merch, Anwen Tydu, dywedodd
T. Llew wrthyf: 'Mae'r Awen
wedi bod wrth dy benelin, ac
wedi dy godi i fyny i dir uwch!'

T. Llew Jones

Eisteddfod Gŵyl Fawr Aberteifi, Mai 1965 – adeg cyhoeddi *Cerddi Alun Cilie*. O'r chwith: Gwynfi Jenkins, T. Llew Jones, y Parch. D. J. Roberts, Alun Cilie, Trefor Edwards, R. Bryn Williams a Capten Jac Alun.

Ymryson y Beirdd, Dyffryn Lliw, 1980.

T. Llew Jones wedi mwynhau sgwrs W. D. Williams â'r gynulleidfa wrth ddisgwyl i'r beirdd ddod yn ôl i'r llwyfan. Hefyd yn y llun, Dafydd Islwyn.

Ymryson y Beirdd, Eisteddfod Genedlaethol Dyffryn Lliw, 1980, eto. T. Llew Jones, y meuryn, yn llongyfarch tîm Llansannan ar ennill yr ymryson.

O'r chwith: Elwyn Edwards, Alan Llwyd, Pennant Evans, R. E. Jones, W. D. Williams.

Roedd tîm Llansannan yn brin o ddau aelod, a llanwyd y rhengoedd gan Elwyn Edwards ac Alan Llwyd.

Eisteddfod Dyffryn Lliw – gyda rhai o feirdd Ceredigion. O'r chwith: ?, Gwilym Thomas, Wyn James, Capten Jac Alun, Dic Jones, T. Llew Jones, Edwin Jones (brawd T. Llew).

Swyddogion Ymryson y Beirdd, Eisteddfod Genedlaethol, Abertawe, 1982 (Dafydd Islwyn, T. Llew Jones a Dic Jones). Yn yr Eisteddfod hon y cynhaliwyd Cyfarfod Teyrnged i T. Llew a chyflwynwyd iddo gyfrol deyrnged.

Dyma'r ymryson olaf i T. Llew ei meuryna yn y Babell Lên. Dic Jones oedd yn beirniadu 'Englyn y Dydd'.

T. Llew Jones yn cyflwyno Tlws W. D. Williams (1986) i'r Prifardd Gerallt Lloyd Owen. Yr englyn buddugol oedd:

Yn Angladd ei Fam

Yr oedd yno wrtho'i hun – er bod tad,
        Er bod torf i'w ganlyn;
    Ddoe i'r fynwent aeth plentyn,
    Ohoni ddoe daeth hen ddyn.

T. Llew Jones

Eisteddfod Genedlaethol Cwm Rhymni, 1990.

T. Llew Jones oedd un o feirniaid yr awdl ar y testun 'Gwythiennau'. Ei gydfeirniaid oedd y Prifardd Emrys Deudraeth a'r Prifardd Gerallt Lloyd Owen. Cadeiriwyd Myrddin ap Dafydd. Yn ail iddo yr oedd Tudur Dylan Jones ac yn drydydd, awdl yn y dosbarth cyntaf, yr oedd 'Lleng', sef awdl gan Ddosbarth Cynganeddion Tan-y-groes. Dyma'r chweched tro i T. Llew feirniadu cystadleuaeth y Gadair.

Yn y cylchgrawn *Barddas*, rhifyn Tachwedd, 1989, cyhoeddwyd yr englyn canlynol:

Y Prifardd T. Llew Jones
Conglfaen y beirniaid y flwyddyn nesaf

Dy glod, Llew Jôs, yn seinio sydd, – wyt wych,
Fe wnest ti Archdderwydd;
Ydwyt feirniad a phrydydd
O'r iawn deip, Homer ein dydd.

Einion Evans

Eisteddfod Genedlaethol
Bro Ogwr, 1998.

Ar ddydd Gwener, 7 Awst, 1998, cyflwynwyd 'Rhaglen i Gofio Alun Cilie' yn y Babell Lên. Cadeiriwyd y rhaglen gan Jon Meirion Jones, a chafwyd cwmni T. Llew Jones, a darllenodd Dic Jones ei gerdd gomisiwn i Alun Cilie. Cyhoeddwyd y gerdd yn rhifyn Ionawr/Chwefror 1999 o *Barddas*.

T. Llew Jones

Y Prifardd Donald Evans, Y Plas, Talgarreg – newydd gael ei goroni yn Eisteddfod Genedlaethol Dyffryn Lliw, 1980.

Fe'i coronwyd gyntaf yn Wrecsam ym 1977. Bu'n ddisgybl i T. Llew Jones yn Ysgol Talgarreg ac mae ganddo gof byw am wers ddaearyddiaeth arbennig (sef cyfnod T. Llew yn yr Aifft) a wnaeth argraff fawr arno a dylanwadu ar ei astudiaeth o'r pwnc. Flynyddoedd yn ddiweddarach yr oedd yn cydfeirniadu â T. Llew yn Eisteddfod Genedlaethol Llambed ym 1984.

Roedd Donald hefyd yn un a fu'n seiadu yn 'aroma beirdd y rŵm bach', yn y Pentre Arms, Llangrannog, gyda T. Llew, Alun, Dic, Jac Alun ac eraill.

Yn rhifyn Ebrill 1994 o *Barddas*, mae llun o Donald gyda T. Llew a Waldo, y ddau feirniad, ar ôl iddo ennill y gadair yng Ngŵyl Gerdd Dyffryn Tywi, 1963.

T. Llew, Donald a Waldo – yn y rhin
Ar ôl y cadeirio;
Orig sy'n dal i eirio
Y rhuddin cerdd yn y co'.

Dai Rees Dafis, Pendre, Rhydlewis,
ym Mro Madog, 1987.

Dros ei ysgwydd fe welir llun o T. Llew Jones, Llywydd Anrhydeddus y Gymdeithas Gerdd Dafod. Bu Dai, Cadeirydd presennol y Gymdeithas, yn dysgu'r cynganeddion wrth draed T. Llew. Bu farw T. Llew Jones ym mis Ionawr 2009. Lluniodd Dai englyn coffa iddo:

Er i'r haul droi o'r heli – un hwyrnos
Ar ôl diwrnod tanlli,
Rhywfodd mae'n dal i roddi
Ei naws i'n cynhesu ni.

T. Llew Jones

Idwal Lloyd, Abergwaun, ym mhabell Barddas ym Mro Madog, 1987.

Bu Idwal Lloyd yn cydfeirniadu'r awdl gyda T. Llew Jones yng nghystadleuaeth y Gadair yn Abergwaun ym 1986. Y Prifardd James Nicholas oedd y trydydd beirniad.

Mae hunan-bortread o Idwal Lloyd a llun olew o'i waith o Alun Cilie yn addurno muriau'r lolfa yn Nôl-nant.

Eisteddfod Genedlaethol Casnewydd, 1988.

Dr Roy Stephens, Aberystwyth, Ysgrifennydd cyntaf y Gymdeithas Gerdd Dafod (1976–1980). Cadeirydd cyntaf y Gymdeithas oedd T. Llew Jones.

Ar 21 Awst, 1976, cyfarfu'r swyddogion newydd-etholedig yng nghartref yr ysgrifennydd, sef Coed Mynach, Llanilar, Aberystwyth. Y swyddogion hyn, ar wahân i Roy Stephens, oedd T. Llew Jones, Alan Llwyd, Gerallt Lloyd Owen a T. Arfon Williams.

Meddai T. Llew unwaith: 'Beth yw pwynt ysgrifennu barddoniaeth nad oes neb yn ei deall? Ysgrifennais erthygl unwaith am farddoniaeth dywyll (gan enwi un neu ddau fel Euros Bowen) a dywedais fy mod yn ceisio osgoi cynnyrch y 'beirdd tywyll'. Dyfynnais eiriau Pasternak: 'It was mostly obscure verse because we had nothing to say!' Atebodd un llais trwy fy nghyhuddo o fod yn fwy o fardd na Duw ei hun! Meddyliwch am shwt beth!'

T. Llew Jones

T. Llew Jones a Dyfnallt Morgan yn rhannu sgwrs ar faes yr Eisteddfod.

T. Llew Jones, beirniad cystadleuaeth Englyn y Dydd, y tu allan i'r Babell Lên ysguborol.

Wedi crafu pen am ychydig, penderfynodd osod y testun i'w het arbennig a wnaethpwyd yn Ffatri Wlân Pentre-cwrt, lle gweithiai llawer o aelodau ei deulu. Gwisgai'r het drwy'r dydd ar hyd y cae er mwyn i'r cystadleuwyr gael ei gweld cyn y dôi'r awen iddynt.

Dic Jones a T. Llew Jones yn englyna – gwaith ar y pryd am dair punt i ''Wyllys Da'.

Eisteddfod Merched y Wawr, Rhanbarth Caerfyrddin, Mai 1990, yn Theatr y Lyric, Caerfyrddin. Gwen Jones (Cangen C.N.E.) yn ennill cadair i'w chadw am ysgrifennu drama, a hefyd cadair her Beti Huws (am flwyddyn). T. Llew Jones oedd y beirniad llên.

Gwen Jones a enillodd gystadleuaeth yr englyn yn Eisteddfod Genedlaethol Blaenau Gwent a Blaenau'r Cymoedd, 2010.

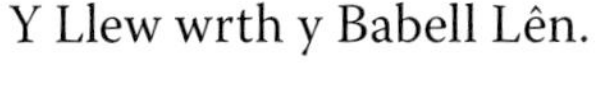

Y Llew wrth y Babell Lên.

Y Babell Lên

Tirion neuadd trin Awen, – llawr y berw
Lle'r â beirdd yn benben;
Mawl a chân aml, a chynnen
Geir yn y llys, a grawn llên.

T. Llew Jones

T. Llew Jones yn cyfarfod â Dafydd Wyn Jones, un o aelodau tîm Bro Ddyfi ac un o sêr amlycaf yr 'Ymryson' yn y Babell Lên drwy gydol y blynyddoedd a hefyd ar raglen 'Talwrn y Beirdd' ar BBC Radio Cymru. Roedd gan y naill a'r llall edmygedd a pharch uchel tuag at ei gilydd.

Cyfeiriodd Gerallt Lloyd Owen at Dafydd Wyn gyda llinell gofiadwy o gynghanedd: 'Dyfi ddofn yw Dafydd Wyn'.

Eisteddfod Genedlaethol Cymru, Llanelli, 2000, y tu allan i'r Babell Lên. O'r chwith: Jâms Nicholas, T. Llew Jones (a fu'n traddodi darlith yn y Babell Lên), Dafydd Islwyn a Hywel Teifi Edwards (Cadeirydd y Pwyllgor Llên).

T. Llew Jones, y 'meuryn'. Byddai ei storïau difyr o'i gof diwaelod yn ffynhonnell fyrlymus o hiwmor iachus.

Câi T. Llew ei gydnabod fel yr awdurdod ar reolau a safonau Cerdd Dafod, a byddai'n barod â'i gyngor a'i farn bob amser. Teimlai hi yn fraint o gael ei gydnabod felly.

Pan fyddai'n meuryna, hoffai osod cystadleuaeth limrig i'r gwrandawyr yn unig, ac ef a noddai'r ornest fawr. Tynnai ddeg ceiniog allan o'i boced. Yna, wrth feirniadu, dywedai: 'Gan mai dyma'r gystadleuaeth waethaf erioed a'r safon y tu hwnt o isel ... rwy'n atal y wobr. Rwy' mor siomedig ...'

Ac yn lle rhoi deg ceiniog i'r achos, rhoddai'r darn yn ôl yn ei boced, er difyrrwch mawr i'r dorf.

T. Llew Jones

Awdur Llyfrau i Blant ac Oedolion

Llyfrau T. Llew Jones (detholiad)

1958 *Trysor Plasywernen*
1958 *Merched y Môr a Chwedlau Eraill*
1960 *Y Llyfr Difyr*
1960 *Y Merlyn Du*, cyfaddasiad
1960 *Trysor y Môr-ladron*
1963 *Y Ffordd Beryglus*
1965 *Llyfr Darllen Newydd* 2 a 3
1965 *Penillion y Plant*
1965 *Ymysg Lladron*
1966 *Llyfr Darllen Newydd 1*
1966 *Gwaed ar eu Dwylo*
1967 *Sŵn y Malu*
1968 *Dial o'r Diwedd*
1968 *Llyfr Darllen Newydd 4*
1969 *Corn, Pistol a Chwip*
1969 *Yr Ergyd Farwol*
1970 *Gormod o Raff*
1970 *Y Corff ar y Traeth*
1971 *Ofnadwy Nos*
1973 *Barti Ddu o Gasnewy' Bach*
1973 *Cerddi Newydd i Blant* (o bob oed)
1973 *Un Noson Dywyll*
1974 *Cyfrinach y Lludw*
1975 *Tân ar y Comin*
1976 *Helicopter! Help! a Storïau Eraill*
1976 *Pethe Plant*
1976 *Rwy'i am fod ... yn ddoctor*
1976 *Ysbryd Plas Nantesgob*
1977 *Lawr ar Lan y Môr*
1977 *Dirgelwch yr Ogof*
1979 *Tales the Wind Told*
1979 *Slawer Dydd*
1980 *A Chwaraei Di Wyddbwyll?*
1981 *O Dregaron i Bungaroo*
1986 *Rownd y Byd Mewn 80 Diwrnod* (addasiad)
1986 *Berw Gwyllt yn Abergwaun*
1987 *Canu'n Iach*
1989 *Lleuad yn Olau*
1991 *One Moonlit Night*
1992 *Cyfrinach Wncwl Daniel*
1993 *Cancer, Cures – or Quacks?* (ar y cyd â Dafydd Wyn Jones)
1994 *Y Gelyn ar y Trên*
1994 *Gipsy Fires*
1996 *Hen Gof*
1997 *Y Môr yn eu Gwaed*
1997 *Modrwy Aur y Bwda*
2001 *Storïau Cwm-Pen-llo*
2002 *Fy Mhobol i*
2004 *Trysorfa T. Llew Jones*
2006 *Geiriau a Gerais*
2010 *Llên Gwerin T. Llew Jones* (Llyfrau Llafar Gwlad)

T. Llew Jones

Gyferbyn, ar dudalen 105, T. Llew Jones yn dangos ei gyfrol hardd, *Lleuad yn Olau: Chwedlau Traddodiadol o Gymru*, a enillodd iddo Wobr Tir na n-Og ym 1990, cyfrol ac ynddi luniau gan Jac Jones.

T. Llew yn unig a fyddai'n penderfynu ar gynllun, cefndir, cyfnod, cymeriadau a chynnwys ei lyfrau.

Ym mis Tachwedd 1982 fe'i gwahoddwyd draw i Gaerfyrddin i gyfarfod â Tomi Scourfield a Nan Griffiths o Gyngor Celfyddydau Cymru gyda'r bwriad o'i gael i lunio cyfrol ar deulu'r Cilie yn y gyfres Bro a Bywyd. Nid oedd ganddo awydd i wneud y gwaith, er y byddai'n cael £200 am ei wneud. Cafodd gynnig arall: ysgrifennu math o nofel gydag Arthur yn brif gymeriad ynddi – am £800. Gwrthododd y cynnig hwnnw hefyd.

> *Barti Ddu* yw fy ffefryn i. Fe'i darllenais deirgwaith o leiaf er pan gyhoeddwyd hi (ym 1973), a chael yr un blas arni bob tro. Mae'n anodd rhoi bys ar yr union beth sy'n ei gwneud hi'n fwy na'r nofelau eraill. Efallai mai anferthedd Barti ei hun mewn gwroldeb, teyrngarwch a dial. Efallai mai troeon eironig y stori, y dyfnder yr ing a'r hiraeth a'r wanc am dalu'r pwyth. Ond yn hon, fel yn *Tân ar y Comin*, mae rhyw hydeimledd nad yw'n rhy gyffredin mewn storïau o'i bath hi.
> ... Fe fyddwch wedi sylwi ar bregethwr yn rhoi anerchiad i blant ar fore Sul; â'r plant y mae'n siarad, ond mae'r oedolion yn gwrando. Ac os bydd yr anerchiad yn gafael fe all y plant ei fwynhau a'r oedolion ei werthfawrogi'n ogystal ar lefel ddyfnach. Felly gyda *Barti Ddu*.
>
> Mae sawl golygfa yn y nofel sy fel petai wedi'i llunio dan ddylanwad y sinema.

Islwyn Ffowc Elis
'T. Llew Jones y Nofelydd', *Cyfrol Deyrnged Y Prifardd T. Llew Jones (*Golygwyd gan Gwynn ap Gwilym a Richard H. Lewis; 1982)

> Yn ogystal â'r ddawn brin i sgrifennu'n dda, mae'n rhaid i'r nofelydd cynhyrchiol wrth dri pheth: dyfeisgarwch di-ben-draw, dyfalbarhad di-ildio ac egni dihysbydd. Fe roddwyd y cyneddfau hyn yn hael i T. Llew Jones ... Mae swm ei gynnyrch, a'r amrywiaeth o'i fewn, yn rhyfeddod.

Islwyn Ffowc Elis
'T. Llew Jones y Nofelydd', *Cyfrol Deyrnged Y Prifardd T. Llew Jones*

T. Llew Jones
EUAD·YN·OLAU
Traddodiadol o Gymru
Jones. Darluniau Jac Jones.

T. Llew Jones

T. Llew Jones, yr awdur toreithiog.

Roedd ei nofelau yn asgwrn cefn llenyddiaeth Gymraeg ar faes llafur yr ysgolion. Roedd ei lyfrau yn cael eu defnyddio'n helaeth i'w dadansoddi mewn arholiadau a'u darllen am eu mwynhad gan genedlaethau o blant. Mae'n un o'r mawrion a gyfrannodd i lenyddiaeth Gymraeg.

Trwy brofiad gwelais ddisgyblion ym Mhontypridd ac o gefndir di-Gymraeg yn gwrando ar T. Llew Jones wedi eu cyfareddu'n llwyr – yn gwrando arno yn astud gyda llygaid agored.

Y Cynghorwr Ian ap Dewi (Cadeirydd Pwyllgor Addysg Ceredigion)

Llyfrau Darllen Newydd I, II, III, IV: 'Y gyfres llyfrau darllen orau a gyhoeddwyd yn Gymraeg erioed' (barn athrawes).

Ar dudalen 108, lawnsiad *Fy Mhobol i.*

Lawnsiwyd hunangofiant T. Llew Jones, *Fy Mhobol i,* yng nghlwb rygbi Tyddewi yn ystod Eisteddfod Genedlaethol Tyddewi, 2002. Cyflwynodd T. Llew 'wit' ar ddechrau'r noson gan dynnu'r to i lawr. Galwai ffermwyr Sir Gâr ar eu hanifeiliaid mewn ffyrdd gwahanol. 'Trwe fach! Trwe fach!' ar y gwartheg; 'Dic! Dic! Dic!' ar yr ieir; 'Shwt! Shwt! Shwt!' ar y moch; 'Wat! Wat! Wat!' ar yr hwyaid a 'Gis! Gis! Gis!' ar y gwyddau.

Daeth Sais i gwrdd â'i fam-gu pan oedd hi'n cerdded i lawr y ffordd – i chwilio am hwyad coll. ''Ych chi ddim wedi gweld dwy hwyaden 'ych chi?'

'What?' meddai'r Sais.

'Ie, dwy wat fach!' atebodd Mam-gu.

T. Llew Jones yn diolch i'r gynulleidfa niferus am eu cefnogaeth ar noson lawnsio *Fy Mhobol i.*

Ar y chwith isaf: Carol Byrne Jones, cynhyrchydd y ffilm deledu *Tân ar y Comin* a'r fersiwn Saesneg *Christmas Reunion*, gyda James Coburn.

Ar y dde isaf: T. James Jones yn hel atgofion am feysydd eisteddfodau, meysydd criced, a dyddiau ieuenctid yn ymwneud â T. Llew. Cyfeiriodd at ei edmygedd ohono fel bardd safonol a hyrwyddwr dygn y diwylliant Cymraeg.

Ar y dde uchaf: Mererid Hopwood yn cyfarch T. Llew ar y noson.

Ar y chwith uchaf: John Lewis, ar ran Gwasg Gomer, yn diolch i T. Llew Jones am ei gyfraniad fel awdur toreithiog i blant ac oedolion ac am yr anrhydedd o gynrychioli'r wasg a gyhoeddodd y rhan fwyaf o'i lyfrau.

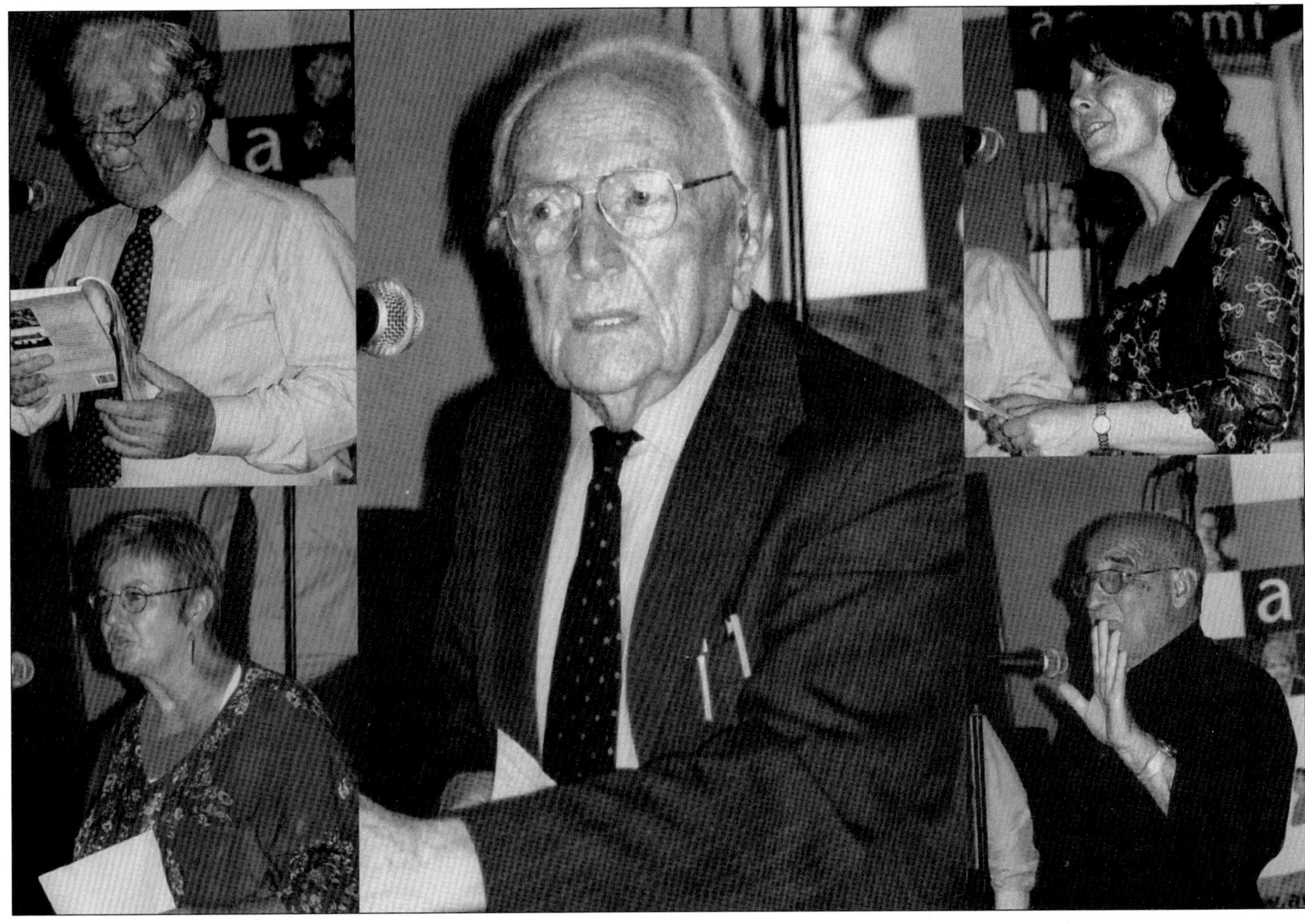

Traeth y pentref, Llangrannog, o geg yr Ogof Fawr (ogof y lleisiau), a'r môr ar ei drai. Yn y cefndir, clogwyn uchel Pen-rhip tua'r de-orllewin a thŷ cadarn, uchel – Craig-y-don – fel gwarchodwr penderfynol rhag bygythiadau'r gwynt a'r môr. Mae'r tŷ yn atgoffa rhywun am y 'Bates Motel' yn ffilm enwog Alfred Hitchcock, *Psycho*. Ond mae chwedloniaeth y tŷ yn gysylltiedig â llofruddiaeth. Roedd ei drigolion, ynghyd â chymeriadau'r pentre, yn rhan annatod o *Y Corff ar y Traeth*, nofel dditectif enwog T. Llew Jones.

Daethpwyd o hyd i gorff ar y tywod o dan y clogwyn ac yn ymyl Ogof yr Halen – sydd i'w gweld yn y tywyllwch pellaf. Ar y dde gwelir Carreg Slic a Chraig yr Adar.

> ... rhaid cofio bod rheswm da pam yr oedd *Y Corff ar y Traeth* mor fyr. Un o'r pedwar llyfr poced clawr papur a gyhoeddwyd gyda'i gilydd gan Wasg Gomer ydyw ... Fe werthodd *Y Corff ar y Traeth* oddeutu pum mil a hanner o gopïau ... Mwy arwyddocaol yw gwerthiant mawr rhai o nofelau eraill T. Llew Jones, na fu unrhyw ymgyrchu arbennig o'u tu.
>
> Un o'r rheini yw *Un Noson Dywyll* (1973). Nid yw'n syndod yn y byd bod hon wedi gwerthu rhwng chwech a saith mil o gopïau: ffigwr anarferol o uchel i nofel Gymraeg. Stori rymus o afaelgar yw hi, yn symud mor gyflym o gyffro i gyffro fel mai prin y gall darllenydd dynnu anadl, yn llawn cymeriadau byw a sefyllfaoedd dramatig sy'n ein cipio'n anorfod tua'r uchafbwynt a diweddglo sy'n boddhau.

Islwyn Ffowc Elis
'T. Llew Jones y Nofelydd', *Cyfrol Deyrnged Y Prifardd T. Llew Jones*

T. Llew Jones

Tynnwyd llyfr T. Llew Jones, *O Dregaron i Bungaroo,* oddi ar y silffoedd wedi trafferthion ynglŷn â hawlfraint. Tybed a gawn weld y llyfr eto ar werth?

Roedd dirgelwch ynglŷn â phenderfyniad y cyhoeddwyr, (Gwasg Gomer), i dynnu llyfr o waith T. Llew Jones (*O Dregaron i Bungaroo*) 'nôl o'r silffoedd ymhen oriau wedi iddynt gyrraedd y siopau.

Dywedodd Gomer mai trafferthion ynglŷn â hawlfraint oedd y rheswm ac roedd y wasg yn derbyn fod rheol wedi ei thorri ynglŷn â dyfynnu o lawysgrifau sydd ym meddiant y Llyfrgell Genedlaethol.

Dychwelwyd y llyfrau i gyd ond am 50–60 o gopïau.

Y mae'r gyfrol yn adrodd hanes Joseph Jenkins a ymfudodd yn 51 oed i Awstralia – oherwydd iddo gael ei gam-drin yn go arw gan ei wraig.

Ceir disgrifiadau ohoni yn ei golbio a'i gam-drin yn ddidrugaredd. Cyfeirir at 'murderous attack' ac mewn pennill mae'n ei disgrifio hi a rhai o'r plant yn ei guro nes torri ei esgyrn. Y mae tri o'r plant yn tynnu ar ei goesau a hithau yn gwasgu ei geilliau.

Glyn Ifans
Y Cymro, Ebrill 7, 1981

Cyhoeddwyd ail lyfr, *Diary of a Welsh Swagman*, gan ŵyr Joseph Jenkins, Dr William Evans. Dywedir iddo gael ei ddewis fel llyfr gosod ar faes llafur ysgolion uwchradd yn Awstralia.

Roedd llyfr T. Llew yn cynnwys hanes bywiog a byrlymus am fywyd gwledig yng Nghymru ganrif yn ôl. Addawai fod yn llyfr poblogaidd.

Gareth Wyn Jones, gor-nai i T. Llew Jones, yn sefyll ger y maen coffa ar ben y graig gerllaw Moelfre i ddangos i'r ymwelydd ymhle a pha bryd y suddodd y *Royal Charter*. Ceir yr arysgrifen ganlynol ar y maen:

This Memorial Stone
commemorates
the loss
of the Steam Clipper
'Royal Charter'
which was wrecked
on the rocks nearby
during the hurricane
of 26 October 1859
when over 400 persons
perished.
Erected by Public Subscription 1935.

Yng Ngorffennaf 1971 cyhoeddwyd yr argraffiad cyntaf o *Ofnadwy Nos* gan J. D. Lewis a'i Feibion. Mae T. Llew Jones yn adrodd y stori fôr ryfeddaf erioed yn y llyfr, sef stori llongddrylliad y *Royal Charter* ar greigiau Moelfre yn Sir Fôn.

Mae'r gyfrol yn gyflwynedig i 'Griw Bad Achub Moelfre' am eu dewrder mewn stormydd ar y môr.

Rhoddodd T. Llew gopi i'w frawd-yng-nghyfraith gan ysgrifennu'r geiriau canlynol ar y dudalen fewnol: 'I'r Capten Siôn Alun, yr awdurdod mawr ar bopeth morwrol. Gyda diolch am gyngor a gwybodaeth'.

T. Llew Jones

Baled: Llongddrylliad y Royal Charter (Hydref 26ain 1859)

O, roedd hi'n llong urddasol,
Y *Royal Charter* gynt!
Â'i chwmwl gwyn o hwyliau
Yn bolio yn y gwynt ...

O 'Weithle' aur Awstralia,
Ym mhellter eitha'r byd,
Cludodd y *Royal Charter*
Lwythi o'r metel drud ...

Ciliodd y llong yn llwfr,
O flaen y corwynt croch,
A tharo creigiau Moelfre
Oddeutu tri o'r gloch ...

Roedd bron bum cant yn feirw,
A'r trysor – tewch â sôn!
Yr aur a'r sofrins melyn –
Ar chwâl ar draethau Môn! ...

Yn wrec ar greigiau Moelfre,
A'i champau'n ango' i gyd;
Mor drist ei ffawd – y llestr
Fu'n falchder moroedd byd.

Plas y Bronwydd, cartref Syr Marteine Owen Mowbray Lloyd, Arglwydd Cemaes, ei wraig, Katherine Helena, a'u pedwar plentyn.

… Hen balas y Bronwydd a'i dyrau a'i do
Trwy'r oesau fu'n ymffrost a balchder y fro …

Isfoel

Ynddo roedd gwrachod y Fall, ystlumod, bwcïod ac efallai'r Tylwyth Teg; roedd yn agored i fyd o ramant a dirgelwch. I'r bardd-awdur o Goed-y-bryn roedd yn ffynhonnell ddiwaelod i'r dychymyg.

T. Llew Jones

Myfyrdod wrth Adfeilion Hen Blas y Bronwydd

Hynafol blas! Adfail blêr
Heb lendid nac ysblander,
Adeilad llwm mewn cwm cudd,
Sobr yw hanes y Bronwydd.

Heddiw brych ei geyrydd brau,
Dail iorwg hyd ei loriau,
A thros libart Syr Martin
Y ceir rhwyd o'r drysi crin.

Ni chawn weld mwyach yn hwn
Syberwyd na thras barwn,
Na bonedd o'i fewn heddiw,
Na chroeso na sgwrsio gwiw.

Echdoe rhwysg a gwychder oedd
Hyd ei fwll ystafelloedd,
Ond daeth Sgweier Amser hy
Yno i oesol deyrnasu.

Mae'r Syr a'i gymhares wych?
Mae heno'r gwledda mynych?
Mae'r hwyl fu yma ar aelwyd?
Mae'r galawnt ar ei lawnt lwyd?
Mae'r llestri aur? Mae'r llys drud?
Mae argoelion mawr golud?
Mae cog uwch fflamau cegin?
Mae'r medd a'r digonedd gwin?
Mae'r beilchion fu'n drachtio'n drwm?
Mae'r steil fu yma ers talwm?
Mae'r bri hen, mae'r barwnig?
Mae ei gŵn fu'n llamu gwig?
Mae'r helfa? Mae'r carlamu?
Mae'r uchel hwyl a'r meirch lu?

Hen dŷ da! Mae'r mynd a dod
Hyd ardal dy awdurdod?
Cynnwr' a hwyl cinio rhent,
A'r deiliaid â'u mawr dalent,
A chyniwair cellweirus
Llancesau a llanciau'r llys?

O deg lys, darfu dy glod,
A mynd wnaeth pob cymhendod;
Di-raen hwlc! Daw adar nos
Am nawdd dy ffrâm anniddos,
A daw'r gwynt i fydru'i gân
Hiraethus o'th dŵr weithian.

T. Llew Jones

T. Llew Jones yn ei swyddfa yn Nôl-nant, Heol y Beirdd, Pontgarreg, gyda phentwr o'i lyfrau ar y bwrdd a thudalen ar ganol cael ei theipio ar y teipiadur. Hoffai ddefnyddio ei hen deipiadur, gan deipio â dau fys yn unig. Yn ei ystafell lawn roedd un neu ddwy o gadeiriau eisteddfodol, cabinet ffeiliau, silffoedd llyfrau a phosteri yn gysylltiedig â'i waith; a'i anrhydeddau trwy'i fywyd – ar y muriau.

T. Llew Jones yn 77 mlwydd oed ym 1992.

Penillion y Plant (1965).

Penillion y Plant a *Cerddi Newydd i Blant* (1973) ...

> ... dwy gyfrol sydd o werth mawr i blant Cymru, y rhugl eu Cymraeg a'r dysgwyr. Cerddi'r aelwyd, cerddi'r ysgol, y cyngerdd a'r eisteddfod; cerddi i'w dysgu ar y cyd a cherddi i blentyn eu blasu wrtho'i hun ...
>
> Bardd sy'n siarad yn blaen ac yn uniongyrchol â phlant yw T. Llew Jones, bardd sy'n eu hadnabod yn ddigon da i'w parchu â'r grefft orau sydd ganddo, â'r geiriau gorau ar eu cyfer ac â'r syniadau mwyaf diddorol i ennyn a chadw eu diddordeb. Aeth T. Llew Jones i fyd plant heb eu twyllo trwy gefnu ar ei fyd ei hun. Bardd gonest yw T. Llew Jones yn ei agwedd at blant.
>
> Urddas, geiriau, gwefr geiriau, a mwynhad geiriau, maent oll mewn cystrawen naturiol a deniadol.

Dewi Jones
'T. Llew Jones fel Bardd i Blant', *Cyfrol Deyrnged Y Prifardd T. Llew Jones*

Pan fydd y gwynt yn chwythu
A'r coed yn noeth a llwm,
A'r eira gwyn fel blanced
Yn cuddio llawr y cwm,
Fe ddaw y Titw Tomos
Gan blygu'i ben yn dlws,
I chwilio am friwsionyn
O fara wrth y drws.

Mae ganddo enw doniol
A doniol yw ei blu,
Ac nid yw'n medru canu
Cystal â'r Deryn Du.
Nid yw ei wisg mor brydferth
Â'r Teiliwr Llundain bras,
Ond O! Rwy'n hoffi gwylio
Y Titw Tomos Las.

Fe ddaw i sil y ffenest
Pan fydd y bwyd yn brin,
Gan droi ei ben bach smala
Ac edrych arna' i'n syn.
Efallai'i fod e'n haerllug,
Ond pwy all fod yn gas
Wrth dderyn bach mor ddigri
Â'r Titw Tomos Las?

Anfarwolwyd 'Y Titw Tomos Las' ymhellach gan ddatganiad poblogaidd Hogiau'r Wyddfa.

Cerddi'r Plant

... y peth amlwg ynddynt yw'r ymgais i lunio stori fach a fydd, fe gredir, o fewn cwmpas profiad plentyn o oed arbennig, a'i mynegi hi mewn geiriau syml heb orfodi'r plentyn i fynd y tu allan i'w fyd na'i eirfa gyfarwydd. ... nid oes gan T. Llew Jones arlliw o'r dull nawddogol yn y darnau hyn; yn hytrach, y mae'n cynorthwyo'r plant bron yn ddi-feth i sylwi'n ddychmygus ar bethau a phersonau a digwyddiadau y mae'n ddigon posibl na fyddent hwy yn eu hafiaith a'u brys ddim wedi craffu arnynt heb gymhelliad y bardd. Cymorth i amgyffred rhyfeddod bywyd, ei ddirgelwch, a'i odrwydd hyd yn oed, weithiau, a rydd gwir fardd y plant; a bid siŵr bydd ei ieithwedd yn gynhorthwy i hyn, eithr yn gynhorthwy hefyd i'r plentyn ddod i garu dillynder ymadrodd.

Gerallt Jones
'Barddoniaeth T. Llew Jones', *Cyfrol Deyrnged Y Prifardd T. Llew Jones*

Dywedir stori'r pibydd brith o Hamelin yn syml a llyfn mewn pedwar o benillion byr. Ac yna, yn y pumed pennill, mynegir tristwch am golli'r plant 'Yn Hamelin ers talwm,/Heddiw yn Aberfan' ... Ac er mai yn llinell olaf y darn yn unig y sonnir am Aberfan, mae'n gweddnewid y cyfan. Bardd yn unig a allai wneud hynny ...

Gerallt Jones
'Barddoniaeth T. Llew Jones', *Cyfrol Deyrnged Y Prifardd T. Llew Jones*

T. LLEW
JONES
Arswyd y Byd

T. LLEW JONES
BARTI DDU

T LLEW JONES
Barti
ddu

Bocs
Anrheg
T. Llew Jones

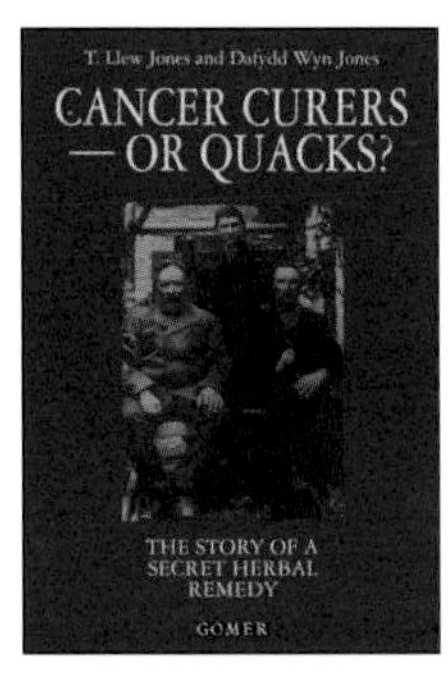
T. Llew Jones and Dafydd Wyn Jones
CANCER CURERS
— OR QUACKS?
THE STORY OF A
SECRET HERBAL
REMEDY
GOMER

GOMER
CANU'N IACH!
· T. Llew Jones ·

Cerddi
Gwlad ac Ysgol

T. LLEW JONES
Corn, Pistol
a Chwip

T LLEW JONES
Cri'r
Dylluan

CRI'R
DYLLUAN
T. LLEW
JONES

LLEUAD YN OLAU
T. LLEW JONES
Darluniau gan
Jac Jones
GOMER

Dirgelwch
yr Ogof
T. Llew Jones

T Llew Jones
FY MHOBOLI

T LLEW
JONES
GEIRIAU
A GERAIS

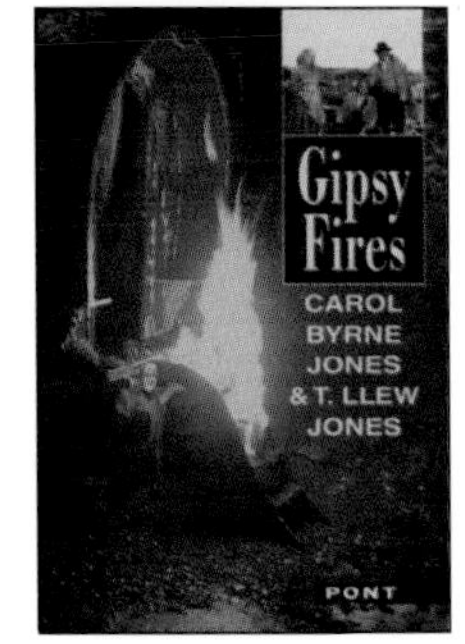
Gipsy
Fires
CAROL
BYRNE
JONES
& T. LLEW
JONES
PONT

LLYFRAU
DARLLEN NEWYDD
LLYFR 1
T. LLEW JONES

LLYFRAU
DARLLEN NEWYDD
LLYFR 2
T. LLEW JONES

LLYFRAU
DARLLEN NEWYDD
LLYFR 3
T. LLEW JONES

GOMER
OFNADWY NOS

TRYSORFA
T. LLEW JONES
Golygydd • Tudur Dylan Jones
Lluniau • Jac Jones

T. LLEW JONES
TÂN AR Y COMIN

T. LLEW JONES
TRYSOR PLASYWERNEN

T. LLEW JONES
TRYSOR Y MORLADRON

Anturiaethau Twm Siôn Cati
Y Ffordd Beryglus
T. Llew Jones

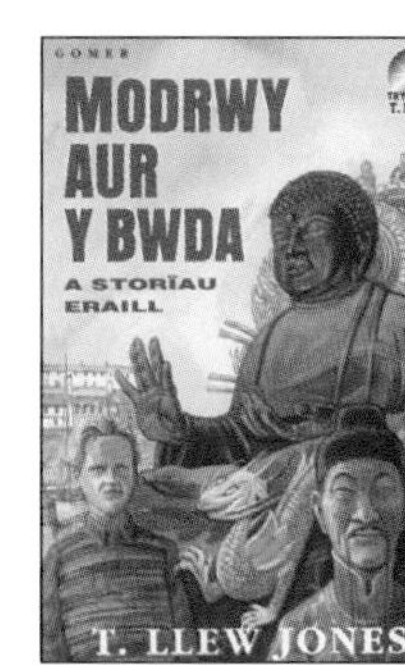
Anturiaethau Twm Siôn Cati
Ymysg Lladron
T. Llew Jones

GOMER
MODRWY AUR Y BWDA
A STORÏAU ERAILL
T. LLEW JONES

Anturiaethau Twm Siôn Cati
Dial o'r Diwedd
T. Llew Jones

T. LLEW JONES
ONE MOONLIT NIGHT
GILLIAN CLARKE
JAC JONES

T. LLEW JONES
UN NOSON DYWYLL

T. Llew Jones

Aber-fan (Hydref 21, 1966)

(Safai tip glo fel mynydd uchel uwchben pentref Aberfan. Un bore, ar 21 Hydref 1966, ar ôl glaw mawr, llithrodd y mynydd ar ben yr ysgol lle'r oedd y plant wrth eu gwersi.)

I Hamelin erstalwm,
Os yw'r hen stori'n ffaith,
Fe ddaeth rhyw bibydd rhyfedd
Yn gwisgo mantell fraith.

A'r pibydd creulon hwnnw
A aeth â'r plant i gyd,
A'u cloi, yn ôl yr hanes,
O fewn y mynydd mud.

A Hamelin oedd ddistaw
A'r holl gartrefi'n brudd,
A mawr fu'r galar yno
Tros lawer nos a dydd.

Distawodd chwerthin llawen
Y plant wrth chwarae 'nghyd,
Pob tegan bach yn segur,
A sŵn pob troed yn fud.

Trist iawn fu hanes colli
Y plant diniwed, gwan –
Yn Hamelin erstalwm,
Heddiw yn Aberfan.

Carreg Bica, Llangrannog, bron o'r golwg dan gynddaredd y dymestl a'r bae yn ewyn i gyd. Canodd T. Llew amryw o ddarnau wedi i'w awen gael ei hudo gan dymer y môr.

Yng nghwmni ei wraig, Margaret Enidwen, T. Llew Jones yn cyflwyno tystysgrif y buddugwr i Rhodri Edwards, mab Alun R. a Nesta Edwards, yng Ngŵyl Cystadlaethau Llyfrgell Ceredigion yn Theatr Felin-fach. Mae Rhodri bellach yn gweithio ym myd cyfrifiaduron yn Brisbane, Queensland, Awstralia.

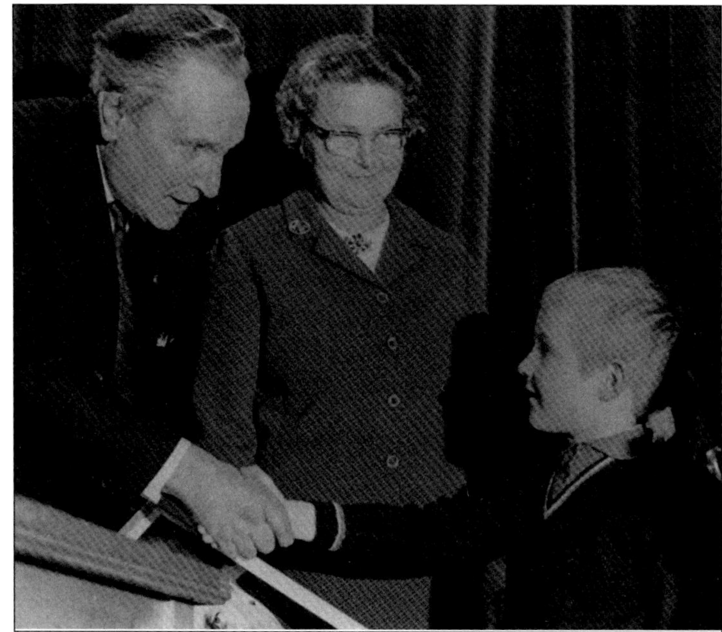

Â'i gyfrol *Un Noson Dywyll* yn ei law, T. Llew Jones yn cyfareddu'r plant â'i ddawn dweud, a hwythau, wedi ymgolli'n llwyr yn ei ddewiniaeth, yn awyddus iawn i ateb ei gwestiynau.

Eisteddfod Genedlaethol Abergwaun, 1986.

T. Llew Jones yn adrodd stori i blant crynion a hwythau wedi eu dal gan gyfaredd y cyfarwydd. Mae llygaid y ddau fychan yn y blaen yn syllu'n daer ar ei wyneb a'r ferch ar ei thraed yn cyffwrdd â'i fraich gan ofyn, efallai, 'Odi'r stori 'na yn wir?' Mae hyd yn oed yr wyneb yn nrws y tŷ bach twt wedi ei ddal.

T. Llew Jones yn torri'r gacen ben-blwydd a baratowyd yn arbennig ar ei gyfer ar achlysur dathlu ei 80 mlwydd oed. Addurnwyd y gacen gan arwyddlun o'r Merlyn Du.

Ysgol Dihewyd,
Dihewyd,
Llanbedr P.S.,
Ceredigion.

6 Chwefror, 2008

Annwyl Mr Jon Meirion Jones,

Ymddiheuraf am beidio ag anfon llythyr atoch cyn hyn, ond rydyn ni wedi bod yn brysur iawn achos y'n ni wedi cael arolwg ac eisteddfod! Roeddem ni wedi gwneud yn dda iawn. Diolch am bopeth. Dysgais lot o bethau, fel gweld dannedd y cawr mawr o'r enw Pica. Dysgais fod Siôn Cwilt wedi taflu bwyell o'r drws ffrynt i ddangos faint o dir oedd ganddo.

Roedd hi'n arbennig cael mynd i mewn i ogof y lleisiau. Rwy'n cofio ogof Nicholas hefyd! Hoffais weld yr eithin, mae gen i eithin gartref. Diolch am bopeth a ddysgoch i ni.

Roeddwn i mor hapus i gael cyfle i ysgwyd llaw â T. Llew Jones. Rydw i'n sylweddoli bod hyn yn brofiad arbennig iawn. Profiad fy mywyd, diolch yn fawr iawn am bopeth. Dewch i'n gweld ni pan fydd amser gyda chi.

Yn gywir,
Christopher Jones

Menna Lloyd Williams, John Lewis a T. Llew Jones gyda charfan o ddisgyblion o wahanol ysgolion yn ystod dathliad pen-blwydd yr awdur enwog yn 80 oed.

T. Llew Jones yn cymysgu'n naturiol a chysurus â disgyblion oddeutu bwrdd o lyfrau amrywiol mewn arddangosfa yng Nghastell Brychan, Aberystwyth.

T. Llew Jones gyda phedwar disgybl (a dysgwyr) o Ysgol Gynradd Tregaron a enillodd yr ail wobr yng nghystadleuaeth y Cwis Llyfrau yng Ngheredigion, ym mis Gorffennaf 2003.

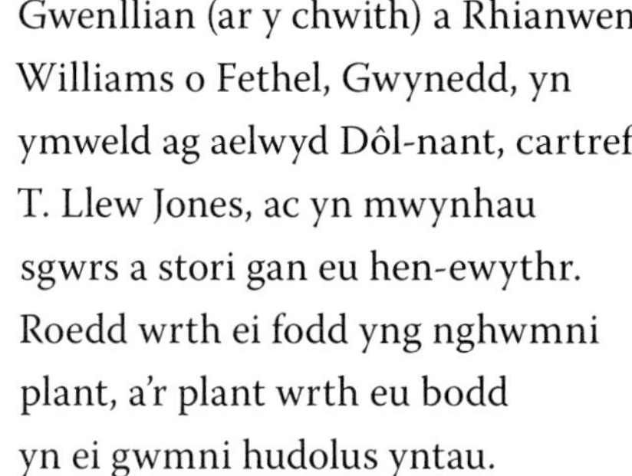

Gwenllian (ar y chwith) a Rhianwen Williams o Fethel, Gwynedd, yn ymweld ag aelwyd Dôl-nant, cartref T. Llew Jones, ac yn mwynhau sgwrs a stori gan eu hen-ewythr. Roedd wrth ei fodd yng nghwmni plant, a'r plant wrth eu bodd yn ei gwmni hudolus yntau.

Bob blwyddyn, ar Ddydd Gŵyl Ddewi, cynhelir eisteddfod Ysgol Pontgarreg. Cynhelir seremoni a chyflwynir medal a thystysgrif i enillydd y gadair. Ond efallai mai'r anrhydedd fwyaf a'r rhan fwyaf wefreiddiol o'r ddefod oedd mynd â'r bardd ifanc buddugol draw i Ddôl-nant i gyfarfod â T. Llew Jones yn ei lolfa. Ac roedd y llawenydd ar ei wyneb ef gymaint, os nad yn fwy, na'r disgybl ifanc, Lottie Mossman.

Fy atgof olaf ohono yw galw heibio gyda'r plant ieuengaf ar ei aelwyd ym Mhontgarreg. Wedi ei gyfarchion cynnes arferol, rhoddodd nòd arnom ni, rieni, a dweud ei fod am 'siarad gyda'r plant y tro hwn'. Holodd hwy a'u hannog, ac yna adroddodd stori wrthym. Fel gyda'i eiriau cyntaf yn *Twm Siôn Cati*, gwnaeth argraff fawr a pharhaol ar genhedlaeth newydd arall.

Myrddin ap Dafydd

Y Cricedwr a'r Gwyddbwyllwr

T. Llew Jones

Y Cricedwr

T. Llew Jones a Gwilym Thomas (un o feibion fferm Y Castell, ger Ffostrasol) a chyn-ysgolfeistr Ysgol Gynradd Llan-non. Roedd Gwilym yn gyfrannwr cyson i bapurau bro a chylchgronau wythnosol, misol a chwarterol. Mae'r ddau ar bont Alltcafan yn edrych i fyny afon Teifi tuag at feysydd a dolydd y gwastatir, gyda phentre Pentre-cwrt yn y pellter. Yno roedd cae criced tîm y pentre. Ar un cyfnod, teithiai Gwilym Thomas gyda T. Llew, Emyr, Iolo ac Eirian Evans yn gyson i Faes Sain Helen, Abertawe, i weld Morgannwg yn chwarae criced. Nid rhyfedd, felly, i Gwilym ysgrifennu ysgrif enwog a nodedig yn *Cyfrol Deyrnged Y Prifardd T. Llew Jones*, a'r frawddeg fwyaf cofiadwy oedd: 'A synnwn i ddim nad yw'n fwy cartrefol yn ei wyn mewn gêm o griced nag yng Ngorsedd y Beirdd'. Ac fel hyn y mae'n cloi'r ysgrif:

'T. Llew Jones yn ddi-ddadl oedd ein Richard Benaud ni. Yn nes ymlaen dechreuodd wirioni ar wyddbwyll. A fu e byth 'run fath ar ôl hynny'.

Dai Bwlchyfallen – un o sêr tîm criced Pentre-cwrt (1932–1935). Daeth yn enwog wedyn fel tad 'Busker Jones' a'i fand undyn.

> Ond roedd gennym geidwad wiced heb ei ail – Dai Bwlchyfallen. Cyrcydai fel corryn tu ôl i'r stwmps a disgynnai ar y bêl fel barcud ar ben cyw os byddai'r batiwr wedi cyffwrdd â hi neu wedi camu allan o'r *crease*. Roeddwn innau'n droellwr araf (llaw chwith) pur beryglus ar brydiau, ac roedd y ceidwad wiced a minnau'n deall ein gilydd i'r dim.

Fy Mhobol i

> Roedd gennym ein bowliwr cyflym wedyn – Tom Bercoed – a godai arswyd yng nghalon y batiwr dewraf wrth daranu i lawr y llain cyn hyrddio'r bêl fel bwled at y wiced.

Fy Mhobol i

T. Llew Jones

Ann Edwards, nith T. Llew Jones, a merch ei chwaer, yn dangos y ddôl a arferai fod yn gae tîm criced enwog Pentre-cwrt. Yn yr hollt yn y cefndir ar y dde mae cwm Alltcafan.

Meddyliau

(Er cof am Thomas Lyn Evans,
gynt o Maesawelon, Pentre-cwrt,
cyfaill bore oes cywir iawn a'r aelod
olaf ond un o dîm criced enwog
y pentre hwnnw slawer dydd.)

Mae'n brynhawn o haf
(un o hafau digwmwl
ein llencyndod). Mae'r
lawnt ar lan Teifi'n
wyrddlas a'r llain wedi ei
thrwsio a'i rowlio'n
wastad ar gyfer y gêm.

Ond ble maen nhw dwedwch?
Maen nhw'n hwyr yn dod ...

Mae bechgyn Maesyrafon
Yn eisiau, Jim a Sam,
Na, ddôn nhw ddim rwy'n ofni
A gwn yn iawn paham.

Dai bach o Bwlchyfallen,
Wicedwr gorau'r byd,
Tom Bercoed, Dai Glyncaled,
O'r tîm ar goll i gyd.

A nawr Lyn Maesawelon
Yr aelod mwyaf triw,
Pe les yw bod yn gapten*
Ar long heb arni griw?

Ond weithiau rwy'n breuddwydio
Am lawnt drwsiedig, lefn,
A'r chwarae yn ei anterth
A'r tîm yn llawn drachefn.

Haul Awst uwch dyffryn Teifi
A'r awel fel y gwin,
A sŵn y bat yn eco
A'r bêl yn croesi'r ffin.

Ond wedyn bydd rhaid derbyn
Y ffaith, heb ei nacáu,
Mae'r *innings* wedi gorffen
A'r batiad wedi cau.

A phan af innau hefyd
Dan do'r dywarchen las
Fe ddaw'r hen ŵr a'i bladur
I rwbio'n henwau mas.

T. Llew Jones

T. Llew Jones oedd capten tîm criced Pentre-cwrt, ac roedd ei ddawn fel troellwr llaw chwith yn ddiarhebol. Gallai bladuro drwy dîm y gwrthwynebwyr ac ennill y gêm ar ei ben ei hun. Erys ei gamp o wyth wiced am ddeuddeg rhediad ymhlith y gorau. Yna darllenodd y T. Llew ieuanc am ymgyrch gan y *News Chronicle* i gyflwyno bat arbennig (wedi ei lofnodi gan enwogion y gêm) am y perfformiad gorau gan aelod o dîm criced yn unrhyw un o bentrefi gwledydd Prydain. Rhaid oedd cyflwyno tystiolaeth o'r gamp trwy anfon tudalen o'r llyfr sgorio swyddogol at y papur newydd. Aeth yn llawn brwdfrydedd i ddod o hyd i dystiolaeth. Ni allai'r sgoriwr roi ei law arno, nes iddo gofio iddo ei adael, efallai, yn y cae! Rhuthrodd y ddau i lawr i'r ddôl a dod o hyd i'r llyfr. Ond roedd un o'r gwartheg wedi dechrau bwyta'r llyfr a'r dudalen bwysig wedi diflannu!

Y Gwyddbwyllwr

Gyferbyn, ar dudalen 133, Alun James, Llandudoch, ffrind agos i T. Llew Jones a chyd-chwaraewr gwyddbwyll. Dôi Alun i Ddôl-nant yn gyson i gadw cwmni i T. Llew ac i chwarae gêm o wyddbwyll gydag ef, a Llew dros ei 90 oed. Yma, mae'n cyfarch T. Llew ar noson lawnsio ei gyfrol, *Fy Mhobol i*, yng nghlwb rygbi Tyddewi yn ystod yr Eisteddfod Genedlaethol.

Dywedai T. Llew wrthyf ambell waith:

'Sa i yn teimlo'n dda o gwbwl heddi. Rwy heb gysgu llawer neithiwr.'

'Be' sy'n bod? Y'ch chi wedi galw doctor?'

'Na. Na. Ddweda'i wrthot ti. Dim ond gêm wyddbwyll gyfartal ges i ddoe yn erbyn Alun James, Llandudoch. Dylen i fod wedi ei guro. Wedd e 'da fi yn fy llaw. 'Dwi'n lico ennill, ti'n gw'bod. Ond 'na fe, tro nesa' 'falle.'

Roedd T. Llew yn hyrwyddwr dygn a llwyddiannus, a byddai'n dwyn y maen i'r wal trwy ymgyrchu a llythyru'n rymus, neu drwy alw swyddogion allweddol a phobl ddylanwadol ar y ffôn.

Bu'n gymorth i sefydlu Cymdeithas Barddas (yn ystod Eisteddfod Genedlaethol Aberteifi, 1976). Ef oedd ei Llywydd Anrhydeddus. Bu hefyd yn gyfrifol am sefydlu Cymdeithas Ceredigion (gydag Alun, Dic ac eraill ym mhlas Glaneirw, Blaenporth), a Chyngres Wyddbwyll Cymru – fel bod chwaraewyr Cymru yn cynrychioli eu gwlad eu hunain yn hytrach na Phrydain.

GOMER
academi
T Llew Jones
OFNADWY NOS
T. LLEW JONES
TÂN
Ymysg Lladron

T. Llew Jones

Dyma lythyr a dderbyniodd un tro:

Ysgol Gymraeg Bryntaf,
Cefn Road,
Mynachdy,
Caerdydd.

Annwyl Mr Jones,

Llythyr yw hwn i'ch llongyfarch chi a'ch tîm am fod mor llwyddiannus wrth chwarae gwyddbwyll. Fe welsom ni lun ohonoch chi ar 'Heddiw' neithiwr, a dyna pryd y cawsom y newyddion da. Mae Cymru wedi gwneud yn aruthrol i gyrraedd tîm A. Roedden yn ymfalchïo ein bod ni yn eich 'nabod chi.

Rydyn ni yn dal i sôn yn Ysgol Bryntaf am y noson honno yn Llangrannog, pan ddaethoch chi i gael sgwrs bach gyda ni. Ac rydym yn dal i gofio'r wythnos fendigedig a gawsom yno.

Ar ôl i ni gyrraedd yn ôl o Langrannog fe wnaeth ein dosbarth gywaith am Sir Aberteifi, ac roedd yn llwyddiannus iawn a thua'r Nadolig bu dau gant a hanner o blant yn cymryd rhan mewn pasiant am y sir.

Y tymor hwn rydym yn gwneud cywaith am wlad Groeg – rhywbeth hollol wahanol yntê? Rydw i'n dechrau dysgu enwau rhyfedd fel Ulysses, Socrates a Hippocrates ac yn y blaen! Mae Mrs Evans, ein hathrawes, yn darllen *Dial o'r Diwedd* i ni fel dosbarth ac mae o'n gyffrous iawn ar hyn o bryd. Rydym wedi cael *Y Ffordd Beryglus* ac *Ymysg Lladron* y tymor diwetha.

Mae nifer o blant y dosbarth yma yn gallu chwarae gwyddbwyll ac roedd tîm gan Ysgol Uwchradd Rhydfelen llynedd.

Pob lwc i chi eto hyd ddiwedd yr ornest!

Cofion annwyl iawn,
Bethan Sian Lewis a
phawb o Uned 42

Y Canon Seamus Cunnane, yn ei falchder, yn dangos ei enw ar frig y cynghrair gwyddbwyll, wrth chwarae ar y we. Owain Llywelyn, ŵyr T. Llew, sy'n hyrwyddo ac yn rheoli'r gweithgaredd.

Yn ôl y Canon Seamus Cunnane, cyn-offeiriad Pabyddol yn Aberteifi ar Eglwys Mair y Tapir am flynyddoedd lawer, a chyd-aelod â T. Llew Jones yng nghlwb gwyddbwyll Aberteifi:

> Rhamantydd ac ymosodwr taer oedd T. Llew. Ohono ef y dôi egni'r clwb. Pe bai wedi dechrau'n iau, byddai wedi bod yn chwaraewr da eithriadol. Roedd yn wrthwynebwr peryglus a oedd yn haeddu'r pwyll mwyaf wrth chwarae yn ei erbyn. Ni fyddai byth wedi'i drechu nes ei hoelio i lawr. Byddai'n annoeth ymlacio yn ei erbyn, pe gwnawn hynny byddai'n fy llorio.

I Llew, yn fwy na neb arall, y mae'r clod am sefydlu Undeb Gwyddbwyll Cymru. Rwy'n cofio, tua 1971, i ysgrifennydd Ffederasiwn Gwyddbwyll Prydain ddod i gwrdd â ni, ac wrth i mi ei gludo'n ôl i Orsaf Caerfyrddin, beirniadodd ni am fod mor ffôl â breuddwydio y gallai gwyddbwyll Cymru fod yn annibynnol. Ond daliodd T. Llew a Iolo ymlaen, ac ym 1972 cymerodd Cymru ran yn y Gemau Gwyddbwyll Olympaidd yn Skopje am y tro cyntaf – ac ennill canlyniad cymeradwy mewn safle uwchben Ffrainc. T. Llew oedd y rheolwr a bu Iolo'n chwaraewr yn y tîm.

T. Llew Jones

Iolo Ceredig a'i dad yn ymddangos mewn rhaglen deledu i blant. Adeiladwyd y bwrdd a'r darnau gwyddbwyll yn arbennig ar gyfer y rhaglen. Roedd T. Llew yn awyddus iawn i hyrwyddo'r gêm ymhlith yr ieuainc.

Mae ef yn chwaraewr gwyddbwyll gyda'r gorau yng Nghymru, ac mae wedi teithio'r byd fel aelod o dîm gwyddbwyll Cymru. dros nifer o flynyddoedd ... Cyhoeddodd ef a minnau yr unig lyfr Cymraeg erioed i gael ei sgrifennu ar wyddbwyll, yn dwyn y teitl *A Chwaraei Di Wyddbwyll?*

Fy Mhobol i

'Mae llwyddiant Clwb Gwyddbwyll Aberteifi, tîm Cymru a dyrchafiad statws Iolo Ceredig yn feistr ar y gêm, fel na allai neb ei guro, i gyd yn ddyledus i T. Llew – y 'creawdwr mawr' a'r ysbrydolwr cyson. Iddo ef y perthyn yr anrhydedd,' meddai Seamus Cunnane.

Bellach mae Iolo wedi cynrychioli Cymru mewn 15 Olympiad Gwyddbwyll:

Skopje	1972
Nice	1974
Haifa	1976
Buenos Aires	1978
Malta	1980
Lucerne	1982
Thesalonika	1984
Dubai	1986
Thesalonika	1988
Novisad	1990
Manila	1992
Moscow	1994
Armenia (Yerevan)	1996
Kalmyka	1998
Khanty-mansiysk	2010

Enillodd Iolo fedal aur yn Novisad. Bu T. Llew yn chwarae i Gymru yn erbyn Iwerddon ac yn gapten (heb chwarae) ar dîm dynion Cymru yn Skopje (1972) ac yn gapten ar dîm merched Cymru yn Haifa (1976).

T. Llew Jones

Golygfa unigryw: T. Llew Jones yn chwarae gêm o wyddbwyll yn ei erbyn ei hunan ar y morfa ger traeth Cwmtydu.

Nid maes Thomas Lord ond yn hytrach arena a thraeth Thomas Llewelyn yn Llangrannog. Un o'm hatgofion cynharaf oedd chwarae criced yng nghwmni T. Llew, ac yn ei erbyn ar lain o dywod caled, melyn a'r 'môr ar ei drai'. Ambell waith defnyddid matiau coconyt. Yn ffin, ar un ochr, roedd yr Atlantig; y 'third man' – Carreg Bica; 'extra-cover' – Carreg Wastad; 'long-on' – Ogof yr Halen; 'mid wicket' – afon Hawen; 'square-leg' – y Shanti; 'fine leg' – Ogof Niclas; a'r pafiliwn – y Pentre Arms. Byddem yn chwarae â phêl griced galed, a phan fwrid y bêl i bob cyfeiriad, disgynnai i ganol ymwelwyr. Diau y byddai 'Deddf Iechyd a Diogelwch' wedi ymyrryd heddiw.

(Y Golygydd)

Rhwng Traeth y Pentre a Thraeth y Cilborth yn Llangrannog saif Carreg Bica – a ysgogodd T. Llew Jones i greu soned drawiadol. Bu'n rhan o'r clogwyn unwaith, wrth i'r môr greu ogof ac wedi i'r to ddisgyn adael y garreg (neu *stack*) i sefyll ar ei phen ei hun.

Mae'n adnabyddus i blant Cymru ac i ymwelwyr o bedwar ban byd. Unwaith bu baner Cymru yn cyhwfan o'i phen nes i'r drycinoedd ei rhwygo'n rhubanau.

I'r brodorion, dant mawr yn eiddo i'r cawr Pica ydyw. Wedi dioddef yn ddifrifol o'r ddannodd, brasgamodd ar hyd yr arfordir, ac yn ei boen a'i gynddaredd, tynnodd y dant o'i wraidd a'i daflu i'r môr – Carreg Bica.

Ond gweld proffeil hen wrach wedi ei gorchuddio â chregyn a wnaeth y bardd. Ac i'r dde gwelir proffeil arall o 'Pwnsh' – a'i ên ymwthiol. Oddi ar y graig isel ar y dde y cesglid 'prophyra umbicalis' – bara lawr – gan Beryl Jones, Angorfa.

Carreg Bica Llangrannog

Rwyt yma yn dy gwrcwd fel hen wrach
Yn swatio a myfyrio ym min y lli;
Hacrach na phechod wyt, â chyndyn grach
O gen a chregyn dros dy wyneb di.
Ond mae i ti gadernid nas medd cnawd,
A thragwyddolder nas medd pethau'r byd,
Ac er i'r myrdd drycinoedd boeri'u gwawd
Ar dy esgeiriau, cadarn wyt o hyd.

Fe deimlaist hafau'r oesoedd ar eu hynt
Yn lapio eu gwresowgrwydd am dy war,
Bu'r gaeaf hefyd – â'i gynddeiriog wynt
Yn hyrddio'i ewyn eira dros y bar.
O'th gylch chwaraeodd, trwy'r canrifoedd deir,
Hen blantos oes yr ogo' – ac oes y ceir.

T. Llew Jones

Nythaid o Feirdd

Roedd T. Llew Jones yn enwog trwy Gymru am ei sgyrsiau a'i ddarlithiau ar 'Fois y Cilie', ac un o'i hoff storïau oedd y digwyddiad canlynol mewn ymryson ym Mhenrhiw-llan. Y meuryn ar y noson oedd Simon Bartholomew Jones, a oedd yn weinidog ym Mheniel a Bwlch-y-corn ar y pryd, a rhoddwyd tasg ddiniwed i Isfoel, fel na fyddai'n rhoi cyfle iddo ddweud rhywbeth crafog ac amharchus, sef llunio cwpled yn cynnwys y gair 'dŵr'. Ond daeth Isfoel yn ôl ar fyrder:

Eitha' peth gan bregethwr
Yw swig dda'n gymysg â'i ddŵr.

T. Llew Jones

Sam Jones (cynhyrchydd gyda'r BBC), T. Llew Jones, Tydfor, Dic Jones ac Alun Jeremiah, y Cilie.

Rhaglen *Cynhaeaf y Cilie*, 1960, yn y 'sgubor o flaen y camerâu.

O'r chwith i'r dde: Gerallt Jones, Dic Jones, Isfoel, Alun, Simon B., Alun Tegryn, T. Llew Jones a Tydfor. (cynhyrchydd: Ifor Rees). Hon oedd y rhaglen deledu Gymraeg gyntaf i'w gosod ar dâp fideo gan y BBC. Taflwyd y lluniau i linc ar Bencarreg (ger Llambed), ac yna i Cockett (ger Abertawe), yna i Gaerdydd ac ymlaen i Lundain.

Rai munudau cyn dechrau'r rhaglen llwyddodd un technegwr ifanc i ffiwsio system y 'meics' i gyd. Ymhen munudau ac eiliadau cyn i'r rhaglen fynd ar yr awyr gyda 'meics' newydd, lluniwyd englyn:

Manŵfers y bomers bach – a halodd
Yr hol lot yn ffradach;
A 'fflit' wnaeth bethau'n fflatach –
Aeth 'meic' ar streic, dyna strach!

T. Llew Jones

Rhaglen deledu arall, *Bois y Cilie*, ar 22 Awst, 1966, ar fferm yr Hendre, Blaenannerch, dan arweiniad T. Llew Jones. Cyflwynwyd y beirdd gan Dic Jones:

Wrth f'ochor, bardd y Goron
Yn awr ei fri, Dafi'r Fron,*
Ac wedyn, Alun Cilie
Sy brins y llys, Burns y lle;
Yn y sêt nesa' ato,
Gerallt ei nai, gŵr llydan o.

*Dafydd Jones, Ffair-rhos.

Tydfor ap Siôr, ddansierus – a Donald,
A dyna ni'n drefnus;
Alun Marian diddanus,
A'r Llew yn llywyddu'r llys.

Darlledwyd rhaglen arall o'r un lleoliad ar 14 Medi, 1966.

Y Capten Jac Alun (a'i sigâr) yn cyfarch Ifor Owen Ifans, y dyn llaeth. Y tu ôl iddynt mae planhigyn a flodeuai bob rhyw saith mlynedd yn unig. Roedd Ifor hefyd yn amaethwr, dyn yswiriant, adroddwr, un o 'Adar Tydfor', aelod o dîm Talwrn y Crannog, pregethwr cynorthwyol, ac ef oedd dyn llaeth T. Llew Jones.

Â'i lwfans hael o hufen – daw ar hynt
Gyda'r wawr yn llawen;
Llonni'r stryd i gyd mae gwên
Foreol Ifor Owen.

T. Llew Jones

Canodd Ifor Owen gân anfarwol wedi i T. Llew golli ei gryman yn afon Hawen.

T. Llew Jones

Tom Jones, y trydydd o ddeuddeg plentyn Jeremiah a Mary Jones, y Cilie. 'Cawraidd rhwng cyrn yr aradr oedd yn laslanc' meddai Sioronwy amdano. Yr oedd Twm yn farchog digyffelyb. Yr oedd ar y blaen ymhob chwarae ymron ac yn wytnach a mwy llygatgraff na'r rhelyw. Yr oedd yn taro ar yr haearn yn yr efail yn wyth oed. Hefyd roedd yn botsiwr nef-anedig ac yn saethwr di-ail. Bu'n ffermio mewn sawl tyddyn cyn cymryd gofal o'r Gaerwen, Felin Preis ac yna'r Pentre Arms yn Llangrannog. Câi Tom ei gydnabod fel cerddor dawnus a naturiol, a meddai ar lais 'top lyric tenor'. Bu'n arweinydd y gân yng Nghapel-y-wig.

Pentre Arms, Llangrannog, cartref Tom Jones a'i deulu. Arferai'r eiddo fod yn rhan o stad plas y Pentre (ger Boncath). Gwelid enw'r perchennog ar y mur. Nid yw yno bellach. Roedd Tom yn rhedeg busnes 'hackney carriage', ac ymhlith ei foduron roedd Ford V-8 Dodge (1931, 2.8 limousine o Ganada) a lori. Bu'n cario Cranogwen i'w galwadau ar y Suliau mewn trap a phoni.

Gofynnwyd i Tom Jones unwaith, 'Y'ch chi'n frawd i S.B?'

'Na'dw, fe sy'n frawd i fi, a ddweda' i wrthoch chi pam! Unwaith rwy i'n gallu gwerthu glased o gwrw. Mae e'n pregethu yr un bregeth sawl gwaith!'

Heblaw'r beirdd (Alun Cilie, T. Llew Jones, Dic Jones, Donald Evans, Jac Alun, Gwilym Thomas, ac eraill) a oedd yn rhannu 'aroma beirdd y rŵm bach', roedd adloniant ar gael i'r brodorion ac i ymwelwyr yn y lolfa. Ymhlith y sêr roedd John Jones, Glangraig, a'r Capten Jac Alun. Meddai T. Llew: 'Roedd yr hen storïau yn diddanu'r cwmni yn y cartre, neu yng nghegin y dafarn leol, cyn i'r jiwcbocs a'r set deledu roi taw ar yr hen chwedleua am byth!'

T. Llew Jones

John Jones, Glangraig, ger Llangrannog.

Roedd gan T. Llew ddarlith enwog iawn ar straeon 'celwydd gole' John Jones, Glangraig, ger Llangrannog. Etifeddodd hwnnw ddawn yr hen gyfarwydd yn helaeth iawn ac roedd ganddo storïe rhamantus dros ben. Dyma un ohonynt:

> 'Roedd ffermwr lleol yn cael ei boeni gan frain a phan saethai atynt mewn coeden, dim ond un a ddaliai bob tro. Fe'i cynghorwyd i osod *super glue* ar y canghennau ac i aros nes i'r adar duon glwydo am y nos. Ymhen dim saethodd atynt gan ddal dim ond un eto. Cyn anelu at ragor ehedodd yr haid i ffwrdd ... a'r goeden wedi ei thynnu o'r gwraidd gyda nhw.'

Mae straeon John Jones wedi'u recordio a'u storio'n ddiogel yn Sain Ffagan.

Y Capteiniaid Dafydd Jeremiah Williams a Jac Alun (wyrion teulu'r Cilie) yn arwain yr orymdaith o Fanc Elusendy, Blaencelyn, i Gwmtydu i ddathlu canmlwyddiant genedigaeth Isfoel. Cyflwynodd y ddau sylwebydd hanesion difyr a barddoniaeth ar hyd y daith. Hefyd yn y cart mae Anwen Tydu, a oedd yn recordio'r cyfan. Mae'r cart wedi aros wrth y fynedfa i glos y Cilie, ger y llyn. Ar y chwith y mae Tydfor, Wyn James, Eiris Dafydd, y Parch. Elfed Lewys a Lyn Ebeneser. Ar y dde mae Wyn Lloyd a Pwyll ap Dafydd.

Oddeutu'r odyn yng Nghwmtydu cafwyd cyfle i brynu *Cyfoeth Awen Isfoel,* cyfrol newydd wedi ei golygu gan T. Llew Jones a'i chyhoeddi gan Wasg Gomer. Mae rhagair T. Llew yr un mor ddiddorol â'r cerddi. 'Nid â llinyn mesur y critig ysgolheigaidd y mae mesur gwerth y cerddi hyn,' meddai. 'Ar gyfer y werin yr oedd efe yn rhan ohoni y lluniwyd hwy, ac fe wyddai ef ei chwaeth a'i chyraeddiadau i'r dim. Eu pwrpas oedd diddanu a diddori ... Trwy'r cerddi hyn llwyddodd Isfoel a'i frodyr i ennyn diddordeb mewn barddoniaeth mewn pobl ddi-ddysg.'

T. Llew Jones

Tydfor (ap Siôr) y Gaerwen a'i fam, Hettie, yn rhannu sgwrs a gwên ar drothwy eu cartref. Nid rhyfedd fod Tydfor yn gymeriad mor aml-ddoniog – wedi iddo etifeddu doniau'r bardd oddi wrth ei dad, Sioronwy, a gwreiddioldeb a hiwmor ei fam.

Roedd T. Llew wrth ei fodd yn mynd draw i Gaerwen i seiadu gyda Siors. Edmygai ei athronyddiaeth ynglŷn â'r bywyd syml, gwerinol.

'Os mai prif nodwedd barddoniaeth Isfoel,' meddai T. Llew Jones, 'oedd digrifwch, yr oedd iddo'i ochr ddifrifol hefyd. Roedd e'n medru canu yn yr un modd â'r hen gywyddwyr clasurol. Mae stamp Tudur Aled a'i gyfoeswyr ar gwpledi yn ei gywydd 'Diolch am Eog' – fel petai Isfoel wedi disgyn i'n plith ni o'r bymthegfed neu'r unfed ganrif ar bymtheg. Pe byddai Isfoel wedi'i eni bum cant o flynyddoedd ynghynt, pwy a ŵyr nad fe ac nid Dafydd Nanmor a fyddai'n fardd llys i Rys o'r Tywyn yn y Gwbert.'

Diolch am Eog

Rhoist ar fy mord lord o li,
Etifedd ystâd Teifi;
Rhoist i mi gig rhost y môr,
Daeth melysfaeth o lasfor ...
Gwledd o fawredd y foryd
A chig rhost marchog y rhyd ...
Cipiaist y cawr i'm cwpwrdd
A'i rwyfau mawr ar fy mwrdd.

Canodd T. Llew Jones gywydd i'r 'Aderyn Du o Goed-y-bryn – aderyn a oedd yn ben-cantwr y fro'. Fe ganmolodd y naturiaethwr, T. G. Walker, recordiad o'i gân, ac awgrymodd ei fod yn bencampwr Cymru! Cododd yr haeriad hwn wrychyn Dic Jones, oherwydd roedd ganddo yntau geiliog mwyalch yng Nghwmhowni, a oedd, yn ei farn ef, cystal, onid gwell, cantor na'r aderyn o Goed-y-bryn. Canodd Dic gywydd i'w aderyn ef, ac yna derbyniodd y Llew y cywydd isod o waith Alun Cilie yn moli'r mwyalch a ganai iddo ef uwchlaw Cwmsgôg [Cwm Sŵn y Gog] ger Cwmtydu.

Nodyn yn *Cerddi Pentalar, Ail Gyfrol o Gerddi Alun Cilie,* Golygydd: T. Llew Jones (1976)

Yn ôl y diweddar Athro Bedwyr Lewis Jones: '... un peth difyr wrth ddarllen cerddi cylch y Cilie yw sylwi ar fwy nag un ohonynt yn canu i'r un testun yn achlysurol – yn union fel Beirdd yr Uchelwyr. Mae cywyddau ymryson T. Llew, Dic ac Alun ynghylch pa aderyn du oedd pencerdd holl fwyalchod Cymru yn enghraifft amlwg, ac yn un o bethau disglair barddoniaeth Cymru.'

Draw'n y gwŷdd yng nghyfddydd ha'
Geilw'r wawr â'i glir aria.
Dyry ei alaw lawen,
Geriwb yr allt, o'i gaer bren;
Teilwng o'r llwyfan talaf,
Ei gerdd O, Garuso'r haf ...

T. Llew Jones

Y silwét tlws ei lais,
Afradlon ei hyfrydlais,
Cain ei sgôr, denor y dail,
A'i sol-ffa o'r silff wiail ...

... Os yw'n swil fe roi Gigli
Gwrs dwym i'th Garuso di.

Dic Jones

... Ni chafodd un ferch ifanc
Hardd ei llun, yng ngherdd ei llanc
Serenâd mor gariadus
Ag alaw hwn o'i deg lys
Ar y sgêl yn cwafrio'i sgôr
I'w wejen yn E Major.

Alun Cilie

Edrych yn Ôl

Achlysur gwasgaru llwch Enid Jones Davies dros bentir Caer-llan i'r dde o draeth Cwmtydu. Cofir am Enid fel ffigwr blaengar a phrifathrawes lwyddiannus iawn ym myd addysg gynradd Gymraeg yng Nghaerdydd. Roedd yr adloniant dan ofal Huw Jones, Dafydd Iwan, Elfed Lewys a Tecwyn Ifan.

Bu T. Llew Jones yn gyfrifol am atgyfodi hen achlysuron fel Dydd Iau Mawr, Dydd Iau Bach, ac am sefydlu darlithiau blynyddol ar ddechrau mis Medi. Bu Waldo a T. Llew ei hun yn ddarlithwyr ar yr odyn, a dôi cynulleidfaoedd niferus i'r draethell i fwynhau'r gwleddoedd geiriol ynghyd â'r golygfeydd a'r picnic.

T. Llew Jones

Torch y don a'r ewyn yn dringo dros greigiau Banc Caer-llan ar draeth Cwmtydu. Nid rhyfedd i'r ysgythriadau ar Graig yr Enwau ddiflannu trwy'r erydu. Mae'r môr yn parhau i hawlio'r doll.

Traeth (Cwmtydu)

Traeth bach mewn hen gilfach gudd,
Â geirwon greigiau'n geyrydd.
Bro ddi-stŵr beirdd a stori,
Dyna oedd Cwmtydu i ni
Un waith, cyn i'r estron hy
Ei ddwyn a'i lwyr feddiannu;
Rhoi'i orthrwm ar ein cwm cêl,
Ei dai a'i odyn dawel.
Rhyw anniddan dyrfa'n dod
A thraed dieithr ar dywod;
Heli a chraig a hawliant
Dileu'n hiaith a'i hedliw wnânt.

Ond ieir haf ydyw'r rhai hyn,
Daw adeg eu mynd wedyn.
Rhoi ffarwél i'r môr heli,
Rhoi'r gorffennol 'nôl i ni,
A chaf innau serch f'henaint,
Rodio'r fro a'i chyfri'n fraint.

* * *

Ger y môr, fel cysegr y mae
Yr enwog Graig yr Enwau.
Mae'r enwau'n y môr heno
'N rhan o'i fân ronynnau fo;
Gyr y glaw ar y graig wleb
Y rhain oddi ar ei hwyneb,
A myn y dicllon donnau
Eu llyfu nhw a'u llyfnhau;
Gwelir cyn hir y graig hen
A'i noeth war heb lythyren.

T. Llew Jones

T. Llew Jones

Daeth Cwmtydu yn fan cyfarfod cymdeithasol a pheth cyffredin fyddai gweld torf o frodorion ar ben yr odyn rhwng y ddau gynhaeaf. Cynhelid gornestau braich a choitiau yno, a'r pedolau arbennig wedi eu llunio gan Isfoel ar eingion y Cilie. Clywid canu afieithus, alawon gwerin, emynau a phenillion o waith y 'Bois'.

Penderfynodd T. Llew atgyfodi'r traddodiad o ymgynnull ar ben yr odyn yng Nghwmtydu oddeutu dechrau Medi gan wahodd Waldo ac eraill yno i ddarlithio. Bu T. Llew ei hunan yn diddori'r 'pum mil' amryw o droeon.

Meddai T. Llew am Waldo: 'Weithiau roedd e yn cael hwyl ysgubol, bryd arall dim hwyl o gwbwl. Byddai'n siarad yn rhy gyflym, fel Bob Owen Croesor ... wedyn, seibiannau mawr.'

'Unwaith, bu Waldo yn darlithio yn fy nghar i gydag Isfoel a phawb arall yn wlyb diferu.'

4 Medi, 1982:

Darlith Goffa. Tyrfa dda yno. Tipyn o hwyl hefyd ar ben yr odyn. Robert Rhys o goleg Abertawe yn darlithio ar gerddi cynnar Waldo.

Dyddiaduron T. Llew Jones

Daeth Sais ymffrostgar i fyw i Lanmorllyn, Cwmtydu, ac am gyfnod ef oedd perchennog y tir comin oddeutu'r odyn. Cododd ffens, ac unwaith daeth i dorri'r borfa gyda pheiriant yng nghanol darlith Waldo.

Penderfynodd Alun Cilie roi stop ar yr anfadwaith. Rywsut neu'i gilydd, wrth daro matsien i danio'i sigarét, cwympodd y fatsien (yn hollol ddamweiniol!) ar y llwyn eithin. Cynheuodd y cyfan gan gynnwys y ffens. Ni chlywyd mwy o sôn am y Sais (na'i gastell), a gadawodd y fro â'i gynffon rhwng ei goesau – gan adael y 'cwm cul, cam, cartre rhamant' i'r Cymry lleol.

T. Llew Jones

T. Llew Jones a Dei Tomos yn cael sgwrs ar bont Alltcafan. Amlygai ddawn y perfformiwr hyd yn oed mewn sgwrs hamddenol. Hoffai ddweud rhywbeth profoclyd neu ddoniol ambell waith i ennyn dadl a hwyl. Dôi straeon hen a newydd i liwio pob achlysur. Gallai chwerthin yn iach neu edrych yn syn ddisgwylgar wedi cyflwyno'r 'ergyd' – gan aros am ateb teilwng.

Meddai wrth Dei: 'Lawr fan'na dan y gored roeddwn i yn dal eogiaid trwy ddefnyddio gwast fach (gaff) â phast – ond peidiwch â dweud wrth neb!'

Daeth criw ynghyd i wrando ar T. Llew yn cael cyfweliad ar gyfer y radio gan Dei Tomos, ac yn cael ei recordio yn adrodd un o'i ddarnau enwocaf, 'Cwm Alltcafan'. Roedd yn brofiad gwefreiddiol, unigryw. A meddai un wàg o Lan-non: 'Llew, wel ardderchog, ardderchog, 'chan! Fe adroddoch chi'r darn 'na mor dda fel y gallwn dyngu mai chi yw'r awdur!'

Afon Teifi yng Nghwm Alltcafan a'r gored yn amlwg – cyn dymchwel llawer o adeiladau'r ffatri.

'Gwelais fwy nag unwaith ddwsin a rhagor o ieir-eogiaid braf yn hongian yn ein tŷ ni.'

Dyna un o frawddegau cynnil ac arwyddocaol T. Llew wrth sôn am bysgota a photsian.

T. Llew Jones

T. Llew Jones ar bont Alltcafan – un o'i hoff fannau oddeutu ei fro enedigol.

Oherwydd poblogrwydd cerdd T. Llew Jones i Gwm Alltcafan, gellir dweud yn hollol ddidwyll fod ei gân i'r cwm arbennig hwn wedi ennill lle anrhydeddus a gwerthfawrogol iawn yng nghalonnau plant, ieuenctid ac oedolion Cymru. Bellach fe'i cyplysir â Chwm Pennant, Melin Trefin, Pwllderi, Y Lôn Goed ac Aberdaron fel mannau arbennig â chysylltiadau llenyddol.

Mae pont Alltcafan yn uchel, o wneuthuriad cadarn, ac yn codi'n uwch tuag at ochr sir Geredigion gan wneud lle dan fwa llai i gymryd y rheilffordd o Gaerfyrddin i Gastellnewydd Emlyn. Pwrpas y tyllau uwchben y bwa mawr yw lleihau'r pwysau ar y bwa.

Ar ganol y bont, ac wedi ei gosod ar y mur isaf, gwelir yr arysgrifen isod ar lechen arbennig:

> This bridge was built, the approaches formed, and the road from Rhydfach to Llandysul made through the exertions of John Lloyd Davies, Esquire, of Blaendyffryn who from the conviction of its benefit to the country projected the work and procured the money necessary to execute it in the year 1939-40-41.

Ond codai cynnen, dadl a hwyl yn aml ynglŷn â pha sir a berchnogai'r bont. Ymgasglai'r gwŷr lleol yn gyson ar ei phen ac un noson penderfynwyd dod â'r mater i ben. Cofiai T. Llew y penillion hyn:

Bu anghytuno cyson
Ble'r ffin uwchben y dŵr,
A checran a chweryla –
Diddiwedd oedd y stŵr.

Cawd gornest i'r ddau gryfaf
A lloriwyd un o'r pâr,
Ei draed yng Ngheredigion
A'i ben e yn sir Gâr.

Trwy ganol llif y Teifi
Daeth heddwch 'nôl i'r tir,
Dan fwa y cyfamod,
Aeth hanner i bob sir.

T. Llew Jones

Disgyblion Ysgol Dihewyd wrth y fynedfa i'r twnnel du ar hen reilffordd yng Nghwm Alltcafan ar gyrion Pentre-cwrt rhwng Llandysul a Chastellnewydd Emlyn.

Golygydd y gyfrol hon a fu'n arwain y daith wrth ddilyn troed T. Llew. Wedi i 'fwyell Dr Beeching' falurio rhwydwaith rheilffyrdd Prydain, caewyd y twnnel gan adeiladu drws a mur i atal anifeiliaid rhag crwydro i mewn iddo, ond mae'r drws wedi ei ddifrodi gydag amser.

Un o hoff straeon T. Llew am ardal ei febyd oedd yr un am rieni yn mynd â'u plant i mewn i'r twnnel wedi i drên deithio trwyddo. Byddai anadlu'r ager a'r mwg yn llesol ac yn fodd i wella'r pas. Byddai rhai rhieni yn gostwng y ffenestri wrth i'r trên deithio drwy'r twnnel er mwyn anadlu'r ager a'r mwg – eto er lles i iechyd eu plant.

Gorsedd Arberth.

Gwybyddus i lawer oedd ddiddordeb T. Llew mewn llên gwerin a'i ddawn i godi dadl.

Meddai T. Llew Jones:

> Yn chwedl Pwyll Pendefig Dyfed – y cyntaf o chwedlau enwog y Pedair Cainc, mae yna sôn am 'fryncyn' â thipyn o hud a lledrith yn perthyn iddo.
>
> Mae afon Arberth yn tarddu ar dir Rhosygadair ac yn llifo i afon Teifi yn ymyl pont Llechryd ... Rwy'n hawlio mai yn y fro hon (Pen-parc, ger Aberteifi) yr oedd Arberth a Gorsedd Arberth. Mae'r disgrifiad o'r fro yn 'Manawydan fab Llŷr' yn gweddu i'r dim i ddyffryn hyfryd Teifi: '... ni welsant erioed wlad gyfanheddach na hi, na heldir gwell, nac un amlach â'i mêl a'i physgod na hi'.
>
> Beth am newid enw Banc-y-warin a rhoi enw tlysach a mwy urddasol – Gorsedd Arberth? ... Mae'r briffordd yn mynd heibio i droed y bryn yn union fel y dywed y chwedl: 'Eistedd a wnaeth ar y bryncyn. Ac fel yr oeddynt yn eistedd, hwy a welent wraig ar farch canwelw mawr aruchel, a gwisg euraid lathraid o sidan amdani, yn dyfod ar hyd y briffordd a gerddai heibio i'r bryncyn'. Ac o sôn am 'y march canwelw mawr', onid oes Crug Mawr, Ôl-march a Chwm-march ym Mhen-parc heddiw i gofio am geffyl hud Rhiannon?

Ymddangosodd y sylwadau uchod yn *Y Gambo*. Wedyn cyflwynodd Lyn Ebenezer eitem ar y ddamcaniaeth ar *Hel Straeon* (S4C).

T. Llew Jones

Ar gyfer ffilmio *Dirgelwch yr Ogof*, adeiladwyd 'set' arbennig iawn yn warws Ronnie Rees (masnachwr glo) yn Aberteifi. Crewyd ogof anferth gyda cheg eang iddi a changhennau cuddiedig yn ei dyfnder i guddio'r smyglwyr a'r contraband. Defnyddiwyd ffeibyr gwydr, plastig, fframwaith o bren, a thywod, gwymon a dŵr hallt y môr i greu'r awyrgylch gredadwy. Gosodwyd lanterni, casgenni a chistiau ynddi. Tybed a oeddynt yn cario brandi, lês a thybaco?

T. Llew yn ymweld â'r ogof yn warws Ronnie Rees yn Aberteifi. Roedd wedi'i synnu gan grefftwaith a dychymyg y crefftwyr. 'Roeddwn yn disgwyl cyfarfod â Siôn Cwilt ei hun a theimlwn fy mod 'nôl yn y cyfnod cyffrous hwnnw ar draeth Cwmtydu.'

Ar dudalen 166, T. Llew Jones yn Eisteddfod Genedlaethol Aberystwyth ym 1992.

Cefnogodd T. Llew Jones yr Eisteddfod Genedlaethol yn frwdfrydig drwy'i fywyd. Bu'n feirniad ar gystadleuaeth y Gadair ar saith achlysur: 1962 (Llanelli); 1967 (Y Bala); 1969 (Fflint); 1984 (Llanbedr Pont Steffan); 1986 Abergwaun a'r Cylch; 1990 (Cwm Rhymni); 1992 (Aberystwyth). Bu'n feuryn ac yn ddarlithydd yn y Babell Lên amryw o droeon, gan gyflwyno rhaglen ar deulu'r Cilie yn Aberteifi ym 1976.

Hefyd bu'n ymgyrchwr dygn a thanbaid o blaid cadw'r Rheol Gymraeg yn y 1970au pan oedd rhai am ganiatáu defnydd o'r Saesneg mewn cystadlaethau cerddorol a chyngherddau. Ond nid oedd yn teimlo'n hollol gysurus o fewn y sefydliad eisteddfodol.

Cymerodd safbwynt cadarn, safadwy a di-droi'n-ôl o blaid cadw safon Cymraeg ysgrifenedig yn erbyn cynlluniau'r Cyngor Llyfrau a'r Cyd-bwyllgor Addysg ar y pryd i lastwreiddio'r iaith ar gyfer dysgwyr!

'Dwi ddim yn mynychu oedfaon cyfundrefnol ... ond rwy'n credu,' meddai wrthyf unwaith. Ac ym 1962, ysgrifennodd eiriau a ddaeth yn boblogaidd iawn ymhlith unigolion, deuawdau, partïon a chorau drwy'r blynyddoedd.

Fe'u clywir yn aml ar y cyfryngau adeg y Nadolig. Cofir yn enwedig am ddatganiad Stuart Burrows a'i fab o eiriau carol a ysgrifennwyd gan T. Llew Jones, 'Fry yn yr awyr fel disglair em'. Cyfansoddwyd y gerddoriaeth gan Mansel Thomas. Mae'r geiriau â'r dôn yn briodas effeithiol iawn ac mae'n hoff garol i lawer.

Fry yn yr awyr fel disglair em,
Gwenai y seren ar Fethlehem,
Obry'n y preseb, Iesu Fab Mair,
T'wysog Tangnefedd ar wely gwair.

Doethion o'r dwyrain â'u rhoddion drud,
Côr o angylion yn canu 'nghyd,
Gwylaidd fugeiliaid o ben y bryn,
Yn yr ystabl yn syllu'n syn.

Tra gwenai'r seren, fel disglair em,
Fe aned baban ym Methlehem.
Ym Methlehem.

T. Llew Jones

Tai ma's sy'n perthyn i Lanlas Ucha' ger Rhydlewis a fu unwaith yn gartref i Caradoc Evans, awdur *My People: Stories of the Peasantry of West Wales* (1915).

Mae T. Llew Jones wedi cynnwys pennod arbennig, 'Gelyn y Bobol', yn ei hunangofiant *Fy Mhobol i*. Yn wir, mae'r teitl yn adleisio teitl cyfrol Caradoc Evans yn fwriadol ac mewn modd eironig, gan y ceir ynddi'r safbwynt pendant nad gwerin-bobl felly oedd pobol T. Llew.

> 'Does gen i ddim llawer o lyfrau Saesneg ar silffoedd y llyfrgell sy gen i gartre. Ond mae un llyfr Saesneg sy'n codi 'ngwrychyn i bob tro y bydda i'n edrych arno fe ... roedd Caradoc yn portreadu gwerin bobol godre Ceredigion, a Rhydlewis yn arbennig, fel godinebwyr a rhagrithwyr twyllodrus ac fel pobol affwysol o dwp ac anllythrennog; rhyw fodau nad oedden nhw fawr iawn gwell na'r anifeiliaid oedd gyda nhw ar eu ffermydd gwledig. Ac yng ngeiriau'r bobol yma fe roddodd ryw fath o iaith ffug-Saesneg ...

Fy Mhobol i

Credir bod atgasedd Caradoc Evans tuag at y Cymry wedi deillio o'r ffaith fod ei dad, William Evans, yn arwerthwr amhoblogaidd iawn. Roedd yn barod i werthu eiddo ffermwyr a thyddynwyr tlawd a oedd wedi methu talu'r degwm. Gwrthododd arwerthwyr eraill.

Bu farw Caradoc ar 11 Ionawr, 1945, ac mae T. Llew yn cofnodi stori am y Countess Barcynska (gweddw Caradoc) yn cynnig punt yr un i fwrnwyr a fyddai'n fodlon dod i'r angladd yn ardal Aberystwyth. Mae ei weddillion yn gorwedd ym mynwent New Cross.

Yn ddiweddglo i'w bennod 'Gelyn y Bobl' yn *Fy Mhobol i*, meddai T. Llew: 'Ond mae'r iaith yn rhan ohonom i gyd, a phan aeth e i lurgunio honno er mwyn 'chware i'r galeri' i'w gynulleidfa Seisnig, fe aeth tu hwnt i faddeuant. Hir iawn yw cof cenedl!'

Anrhydeddu

T. Llew Jones

'Un o anrhydeddau mwyaf fy mywyd oedd cael fy ngwahodd i fod yn Llywydd y Dydd yn Eisteddfod Genedlaethol yr Urdd Dyffryn Teifi (1981) yng Nghastellnewydd Emlyn. Roedd disgyblion ysgolion cynradd y bröydd yn llanw'r llwyfan ac yn dal posteri o gloriau'r llyfrau a ysgrifennais.' Hefyd yn y llun, Ainsleigh Davies, arweinydd y seremoni a Chadeirydd y Pwyllgor Gwaith.

T. Llew Jones yn siarad â'r gynulleidfa yn Theatr Felinfach ar 15 Mehefin, 1991, wedi iddo dderbyn Tlws Mary Vaughan Jones am gyfraniad i lenyddiaeth plant Cymru.

T. Llew Jones yn ystod y noson i'w anrhydeddu a'i gyflwyno â Thlws Tir na n-Og 1990 yn Theatr Felin-fach.

Englynion Cyfarch y Prifardd T. Llew Jones

Fel awdur yn ei flodau – y'i cofiaf
Ym mrig haf ei chwedlau;
Ei dw' coeth yn ymdecáu
Yn felyn o nofelau.

Hen rin yw gwerth rhain i gyd, – hen ledrith
A hen ladron hefyd,
Rhin hynafol ei golud;
Rhin ddifyr antur o hyd.

Hen fyd addfwyn, byd mwyniant – a hen fyd
Tafodau o ramant;
Byd o bleser, pleser plant
A hen fyd diddifodiant.

Donald Evans

I T. Llew Jones

Dros chwarter canrif ar sgwâr llengarwch
Pentref yr oed fu pen tir hyfrydwch,
A thurio i goludd coeth ddirgelwch
Ffitio geiriau yn yr hen grefftgarwch,
Minnau hyd risiau'r dryswch – yn cerdded
Yn llaw agored ei gyfeillgarwch.

Y nosau brawdol yw fy ysbrydiaeth
A'm llyw yn wastad yw ei feirniadaeth,
Mae mwy o elw yn ei ganmoliaeth
Na'r holl anoddau a ŵyr llenyddiaeth,
A'i guro mewn rhagoriaeth, – fwy na hon
Ni fedd y galon un fuddugoliaeth.

Nes caeir drws yr hirgwsg ar drysor
Digrifa' celf gydag ef a'r Cilfor,
A blasu'n amal bilsennau hiwmor
Neu englyn Alun, yr hen ben-telor,
Bydd coffa da gen i'n stôr – am y tri
Hyd nes distewi geiriogi rhagor.

Dic Jones

Yn ei sedd arferol a chyffyrddus ar aelwyd ei gartref, Dôl-nant, ym Mhontgarreg, T. Llew Jones yn arddangos Tlws Coffa W. D. Williams a enillodd yn 2007 am yr englyn gorau i ymddangos yn y cylchgrawn *Barddas* yn ystod y flwyddyn flaenorol. Penderfynir y buddugol trwy bleidleisiau a dderbynnir gan aelodau Barddas.

Pen blwydd Nia (fy wyres) yn 40 oed

Cofio'r hwyl, cofio'r heulwen, – yn y lawnt
Cofio'r plentyn llawen;
Yma'n awr, a mi yn hen,
Wy'n ddig fod Nia'n ddeugen.

Mae'r Tlws yn hongian ochr yn ochr â llun o Gwm Alltcafan ar frest y simne yn lolfa Dôl-nant.

T. Llew Jones

Nythaid unigryw o brifeirdd wedi ymgynnull yng Nghaffi'r Emlyn, Tan-y-groes, i drafod Cyfansoddiadau'r Eisteddfod Genedlaethol.

O'r chwith: Idris Reynolds, Emyr Lewis, Dic Jones, T. Llew Jones (llywydd y noson), Twm Morys, Mererid Hopwood, Ceri Wyn Jones a Tudur Dylan Jones.

Dathlu cyhoeddi'r ddau ganfed rhifyn o'r *Gambo*, papur bro de-orllewin Ceredigion, yng Nghaffi'r Emlyn, Tan-y-groes. Traddodwyd darlith gan yr Athro Hywel Teifi Edwards. Yn bresennol hefyd yr oedd T. Llew Jones, a luniodd englyn arbennig ar enedigaeth y papur.

Y Gambo

Iddo'r dibwys sy'n bwysig – nid ymhél
Â'r byd mawr pellennig;
I ddawn bro rhydd hwn y brig
A'i glod i'r 'pethe' gwledig.

T. Llew Jones

Ymhlith darlithiau poblogaidd T. Llew Jones ceid y testunau canlynol:

- Dewi Emrys
- Alun Cilie
- Tîm Criced Pentre-cwrt
- Moss (ci defaid y Cilie)
- Fy Mhobol i
- Gelyn y Bobol (Caradoc Evans)
- Pontsiân
- Potsian
- Teulu'r Cilie (bu'n darlithio ar y testun yma am ddau ddiwrnod yn Eisteddfod Genedlaethol Aberteifi, 1976)
- Hen Goelion
- Gwaed ar eu Dwylo
- Sara Jacob
- Dyddiadur teiliwr (Gwynant, Rhydlewis)
- Steddfota!
- Evan Thomas
- Cythraul yr Awen
- Beirniadu
- Y Babell Lên

Anrhydeddwyd T. Llew Jones pan gyflwynwyd gradd MA iddo am ei gyfraniad i lenyddiaeth plant Cymru gan Brifysgol Cymru – yng Ngholeg y Drindod, Caerfyrddin.

Ni chafodd T. Llew Jones wahoddiad swyddogol i fod yn Archdderwydd, ond derbyniodd addewid mewn sgwrs answyddogol gyda Gwyndaf y byddai'n cael y swydd. 'Doedd yr enwau eraill a oedd wedi eu cynnig ar y pryd ddim yn plesio'r 'Sanhedrin eisteddfodol', a byddai gair cyfrinachol mewn ambell glust yma ac acw wedi sicrhau'r swydd i T. Llew. Ei ateb oedd: 'Os nad wy'n derbyn gwahoddiad swyddogol agored, 'dw i ddim eisie'r swydd.' Ac felly y bu.

Gwrthododd wahoddiad i ymuno â'r Academi Gymreig – dair neu bedair gwaith, gyda'r addewid y'i dyrchefid i swydd cadeirydd, maes o law. Teimlai na ddylai awduron ffurfio 'cliques', ac ar ben hynny, roedd y gwahoddiad yn rhy hwyr!

T. Llew Jones

Haf 1993, Theatr y Mwldan, Aberteifi.

T. Llew Jones a Chwmni Arad Goch wedi iddynt lwyfannu cyflwyniad llafar a dramatig o'i lyfr *Lleuad yn Olau*, a enillodd i'r awdur wobr Tir na n-Og ym 1990.

O'r chwith: Rhys Bleddyn, Iwan Roberts, Idris Morris Jones, Gwenllian Rhys, T. Llew Jones a Jeremy Turner (Cyfarwyddwr Artistig, Cwmni Arad Goch).

Diolch yn fawr – T. Llew Jones!

Pan enillodd T. Llew Jones wobr Tir na n-Og ym 1990 am ei gyfrol *Lleuad yn Olau* gofynnwyd i mi gyflwyno un o'r straeon, ar ffurf perfformiad theatrig, fel rhan o'r noson wobrwyo; fe ddysgais i'r stori *Lleuad yn Olau* tra oeddwn yn teithio yn Tanzania. Cwrddais ag ef yn ystod y noson wobrwyo honno a ches orchymyn ganddo i fynd ati i ddramateiddio mwy o'r straeon. Felly, ychydig yn ddiweddarach, dyma fi'n dewis pump o'r straeon a'u troi yn gyflwyniad theatrig i blant a mynd â'r sioe ar daith i theatrau ledled Cymru. Wrth gwrs, daeth Mr a Mrs Jones i weld y sioe ac i gwrdd â'r actorion.

Tua'r un pryd ces sawl gwahoddiad i berfformio yn unigol yng Nghymru ac mewn gwledydd tramor – yng Nghanada ac yn Awstria. Gofynnes am ganiatâd T. Llew a chael sêl ei fendith i fwrw ati i ddefnyddio'i straeon. Mae'r straeon yn rhwydd iawn i'w dangos ar lwyfan a'r ddeialog, oherwydd eu bod mor naturiol a diwastraff, yn hawdd i'w dysgu. Dysgais lawer am y grefft o ddweud stori wrth ddarllen a thrin straeon T. Llew a dysgais lawer am sut i lunio stori; erbyn hyn mae gen i stoc o'm straeon fy hun sydd yn aros i gael eu cofnodi (a'u cyhoeddi, gobeithio!)

Tua 1994 gwahoddwyd T. Llew i fod yn ŵr gwadd mewn cinio yn ystod Cynhadledd Theatr mewn Addysg yn Aberystwyth, ac fe swynodd lond neuadd o actorion gyda'i brofiad, ei hiwmor a'i ddoethineb diflewyn-ar-dafod.

Crewyd cynhyrchiad arall o'r sioe *Lleuad yn Olau* rai blynyddoedd yn ddiweddarach, a daeth T. Llew i'w gweld eto yn Theatr Mwldan; roedd ei hiwmor yr un mor ffraeth a drygionus ag erioed.

Pan ddathlwyd pen-blwydd T. Llew yn 90 es i Langrannog i adrodd rhai o'r straeon wrth grwpiau o blant ysgol a chwrdd â'r meistr eto. Ces i lythyr hyfryd oddi wrtho ar ôl y digwyddiad arbennig hwnnw.

Mae fy niolch iddo yn fawr iawn.

Jeremy Turner

Fel rhan o'i phortffolio mewn Dylunio a Thechnoleg ar gyfer TGAU yn 2006, cynlluniodd Keeva Anne McCreadie, Pontgarreg, weithgaredd gwreiddiol ac arbennig iawn. Cofnododd ei gwaith ymchwil mewn llyfr lloffion trwchus ar gyfer gwneud sgrin liwgar chwe ochr – addas i gornel ddarllen mewn ysgol – yn seiliedig ar lyfrau a barddoniaeth T. Llew Jones.

Cafodd gyfweliad gyda Jac Jones (arlunydd rhai o lyfrau T. Llew) ym Mhentre Bach, a bu mewn cysylltiad agos â T. Llew, a oedd yn gymydog iddi. Gosododd holiadur gerbron disgyblion Ysgol Ddwyieithog Dyffryn Teifi a dewiswyd gwaith T. Llew Jones yn hytrach na C. S. Lewis a J. K. Rowling. Credai T. Llew y dylai'r sgrin fod yn lliwgar ac mewn lle ar wahân mewn ystafell i ysbrydoli'r plant.

Derbyniodd Keeva 'A seren' am ei gwaith campus a thrawiadol. Roedd T. Llew wrth ei fodd gyda'r gwaith gorffenedig.

Anrhydeddu T. Llew Jones ar ei ben-blwydd yn 80 oed trwy gyflwyno iddo lun dychmygol o waith K. B. Guy o garafán sipsiwn ar lan afon Brân yng Nghwmhiraeth, ger Dre-fach-Felindre, Llandysul. Yno llosgwyd y garafán (debyg iddi) a 'chorff' yr hen Alf Boswell am hanner awr wedi tri y bore. Gwahoddwyd T. Llew draw i weld yr olygfa ond roedd braidd yn fore iddo.

Gweirydd ap Gwyndaf o Dalgarreg, 14 mlwydd oed, a fu'n chwarae Tim Boswell. Dywedodd Gweirydd ar y pryd: 'Mae Tim yn gymeriad trist achos ei fod wedi colli ei dad-cu ac yn cael ei wrthod a thrwy whare'r rhan 'dwi'n gallu cydymdeimlo â sefyllfa'r sipsiwn'.

Ymhlith yr actorion yr oedd Edward Woodward (*Callan* – fel y 'Cyrnol'), a'i eiriau wedi eu dybio ar y fersiwn Gymraeg – a James Coburn (o Hollywood a seren *The Magnificent Seven*) yn chwarae Santa Clôs yn y fersiwn Saesneg. Ond arhosodd Carol Byrne Jones yn Nyffryn Teifi a'r cyffiniau i ddewis ei hactorion ifanc. Ymhlith yr actorion eraill roedd Meredydd Edwards (Alf Boswell), Fraser Hinds a Myfanwy Talog.

Carol Byrne Jones, cynhyrchydd y ffilm deledu *Tân ar y Comin*, yn dangos lluniau 'dychmygol' o waith K. B. Guy ar gyfer ei chynllun datblygu. Roedd menter Carol yn seiliedig ar benderfyniad di-droi'n-ôl, gweledigaeth eglur, edmygedd o T. Llew Jones fel awdur a'i allu i adrodd stori, paratoi manwl iawn ac ymroddiad llwyr.

Meddai Carol Byrne Jones: 'Mae'r stori yn apelio at y plentyn tu fewn i bob oedolyn hefyd, rhywbeth sy'n cyffwrdd â'r emosiynau ac mae pawb yn gallu uniaethu â Tim'. Roedd Carol yn benderfynol o ffilmio'r stori ym mröydd Dyffryn Teifi. Ysgrifennwyd y sgript gan Angharad Jones.

He set such store by the response of his young readers that on one occasion, having been awarded the prestigious Tir na n-Og Prize for his *Tân ar y Comin* ('Fire on the common', 1975), a story about gypsies, he was prepared to bite the hand of the adjudicators because they had announced that, in their opinion, the book was good only in parts. "This prize has somewhat tarnished my reputation," he told them pointedly. "It was grudgingly given and I am accepting it in the same spirit. You are grown-up readers with jaded appetites, but the many thousands of children who have enjoyed my book have better judgement and theirs is the only one that matters."

Meic Stephens
Obituary, 'T. Llew Jones: Foremost children's writer in Welsh literature', *The Independent*, 4 Chwefror, 2009

Llun (aml-gyfrwng) o T. Llew Jones, sef gwaith Jane Evans, Y Graig, Capel-y-wig. Mae wedi ei arddangos mewn amryw o arddangosfeydd yn ei bro ac mewn lleoedd eraill.

Eisteddfod Genedlaethol yr Urdd, Llanerchaeron, 2010.

Anest Non Eirug (Marged), Iwan Evans (Thomas Llewelyn Jones) a Siôn Wyn Harford (môr-leidr) – tri o blith y 167 o ddisgyblion o ysgolion cynradd y bröydd a fu'n cymryd rhan yn y sioe gerdd 'Lledrith Llew' – ar nosweithiau Llun a Mercher yn y Pafiliwn.

Llongyfarchiadau llond 'Gambo' ar lwyddiant y sioe yn Eisteddfod yr Urdd, Llanerchaeron, 2010. Gwefreiddiwyd y cynulleidfaoedd ar y ddwy noson gan safon y cynhyrchiad, bwrlwm, egni a mwynhad y plant, ac edmygedd pawb o dalent y sêr ieuanc. Ardderchog.

Roedd y sgript a geiriau'r caneuon gan Cerys Potter-Jones, Pete Ebsworth, Eurig Salisbury, Gareth James a Dwynwen Lloyd Evans. Seiliwyd y golygfeydd ffilm ar *Fy Mhobol i*, gan T. Llew Jones, addasiad Dwynwen Lloyd Evans.

Cyfansoddwyr y gerddoriaeth oedd Meilyr Jones, Bethan Bryn, Dafydd Evans, Richard Jones, Delyth Hopkins Evans, Rhiannon Lewis a J. Eirian Jones.

Tîm cynhyrchu – Cynhyrchydd a chyfarwyddwr: Dwynwen Lloyd Evans; Cyfarwyddwr cerdd: Rhiannon Lewis; Coreograffwyr: Anna ap Robert a Catherine Young; Cyfarwyddwyr cynorthwyol: Ffion Medi Lewis a Carys Mai Lloyd; Cyfarwyddwr ffilm: Carol Byrne Jones; Cynllunydd set: Gwyn Eiddior; Gwisgoedd: Anneliese Mowbray; Technegwyr: Dylan Williams a Neville Evans.

Yn ogystal â'r tîm cynhyrchu roedd tîm niferus o wirfoddolwyr yn cefnogi ymhob ymarfer.

Dirgelwch yr Ogof, Barti Ddu, Tân ar y Comin a *Twm Siôn Cati* oedd themâu'r cynhyrchiad.

Diolch T. Llew, diolch blant, diolch i'r tîm cyfan.

T. Llew Jones

T. Llew Jones yn 90 Oed

Rhyfeddod yn wir! Ar ddiwrnod ei ben-blwydd yn 90 oed derbyniodd 4,628 o gardiau a 6,240 o gyfarchion oddi wrth blant Cymru – cyfanswm o 10,868. Yn aml iawn, ac ar brydiau, dôi llythyron, gwaith arlunio a chardiau i Ddôl-nant ac fe'u gwelid yn drwch ar y seld, y silffoedd pen tân a'r ffenestr neu rhwng lluniau'r teulu, gan guddio cwpanau arian a thlysau a enillwyd gan T. Llew ei hun neu gan Iolo mewn gemau gwyddbwyll.

T. Llew Jones

T. Llew Jones – newydd agor yr arddangosfa ar ei fywyd a'i waith yng Nghanolfan Treftadaeth, Canolfan yr Urdd, Llangrannog. Hefyd yn y llun, Iolo Ceredig a rhan o garfan gref o blant ysgolion cynradd Sir Geredigion. Yn y cefndir gwelir carafán sipsiwn liwgar a gludwyd i Gefn-cwrt yn arbennig ar gyfer yr achlysur hanesyddol o amgueddfa awyr-agored yn Sir Benfro. Torrwyd rhuban gwyrdd, coch a gwyn gan y bardd-awdur i ddynodi'r agoriad.

Emyr Llywelyn (ar y dde) a'r Cynghorwr Ian ap Dewi yn cael hoe wedi symud y Gadair a enillodd T. Llew yn Eisteddfod Genedlaethol Glyn Ebwy ym 1958 am ei awdl nodedig, 'Caerllion-ar-Wysg'. Mae'r ddau gludwr y tu allan i Ganolfan Treftadaeth yr Urdd ar fferm Cefn-cwrt ger Llangrannog – wedi trosglwyddo'r Gadair o Ddôl-nant ymhlith llawer o arteffactau eraill ar gyfer yr arddangosfa yn y Ganolfan (yn 2005) i ddathlu pen-blwydd T. Llew Jones yn 90 oed. Ymwelodd cannoedd ar gannoedd â'r Ganolfan.

Yng nghyntedd y Ganolfan Dreftadaeth newydd yng Ngwersyll yr Urdd, ger Llangrannog, gosodwyd pen-ddelw o T. Llew Jones o waith John Meirion Morris. Arddangoswyd y cerflunwaith gyda chaniatâd caredig y Llyfrgell Genedlaethol yn Aberystwyth. Ar y naill ochr a'r llall mae Emyr Llywelyn (y mab hynaf, ar y dde) a Iolo Ceredig (yr ail fab) ar y chwith. Bu'r arddangosfa ar agor am wythnosau fel rhan o ddathliadau pen-blwydd T. Llew yn 90 oed. Trefnwyd y cyfan gan garfan ymroddedig dan arweiniad y Cynghorydd Ian ap Dewi.

Mewn noson arbennig yng Nghaffi'r Emlyn, Tan-y-groes, daeth tyrfa luosog o bell ac agos i dalu gwrogaeth i'r bardd a'r awdur T. Llew Jones – ac yntau yn 90 oed. Cyflwynodd y Prifardd Dic Jones fat criced unigryw iddo, bat wedi ei lofnodi gan y prydyddion a'r beirdd a fu'n ei gyfarch ar y noson. Trefnwyd y noson gan Idris ac Elsie Reynolds.

Cyfarchion i T. Llew Jones
ar achlysur dathlu ei ben-blwydd yn 90 oed

Fe fentrwn pan oeddwn iau law-yn-llaw
    â T. Llew ar deithiau
  ymysg lladron y tonnau
  wrth i'r cyfnos agosáu.

Ac i fyd o ogofâu y rhwyfem
    rhywfodd at drysorau
  cudd a newydd gan fwynhau
  yr ofon yn y rhwyfau.

Ond byw dan gysgod bwyyll yn amal
    a wnaem, neu'n wir, cyllyll;
  ac o dro i dro roedd dryll
  yn duo'r noson dywyll ...

lle'r oedd ffordd arall ar waith, ffordd carnau
    ceffylau'n ffoi eilwaith;
  ffordd beryglus, felys, faith,
  ac un i'w dilyn ganwaith.

Ond yna fe sbardunem: y siwrne
    i Blasywernen welem,
  neu liw hwyr, mewn storom lem,
  ar olwyn sipsi'r elem.

Ac aem, er mwyn gwrando ar gân adar,
    i goed Cwmalltcafan
  gyda'u mil o nodau mân –
  a Llew fel cri'r dylluan!

Troi'r iaith yn anturiaethau a wnâi Llew,
    troi'r lleuad yn olau;
  troi tyrfa Beca a'r bae
  yn arwyr, nid yn eiriau.

A gwn nad dychymyg yw yr arwyr
    a erys hyd heddiw:
  yn ei fêr y maent yn fyw,
  darn ydynt o'r hyn ydyw.

Y mae Alf a Tim ei hun o'i fewn ef
    yn un ar y comin:
  y bachgen a'r gŵr penwyn
  naw deg oed yn un deg un.

Ceri Wyn Jones

T. Llew Jones

Mae ambell un yn cael ei eni'n hen,
A'r awen fel petae yn siglo'i grud
I gynnau yn y llanc eginyn llên
A throi dychymyg yn freuddwydion hud.
Fe'i breintiwyd â chyfaredd y storiáwr
Ac anhraethadwy rin consuriaeth gair,
A'r dalent brin i fedru codi'r clawr
I'r neb a geisio gyfrinachau'r pair.

Canasom i'w athrylith lawer gwaith,
Yn saith deg ac yn bedwar ugain o'd,
Nes aeth ei gyfarch y tu hwnt i iaith
A'i holl rinweddau'n dihysbyddu clod.
Y mae yn ŵr unigryw, heb ddim dowt,
Beth sydd i'w ddweud amdano rownd abowt?

Dic Jones

I T. Llew, y crwt llawen, – yn onest
Dymunaf it heulwen,
A hir oes heb golli'r wên,
Na diwedd ar dy awen.

D. T. Lewis

I wneud Gwydion chwedloniaeth
Rhaid cymysgu'r canu caeth
Â Dôl-nant, byd y plantos,
Gaeaf noeth ac ofn y nos,
Berw'r Aifft a Choed-y-Bryn,
Y Cilie a Jac Alun.

Hud y gair, sgwarnogod, gŵyl,
Soned a'r Ddilys annwyl,
Neuaddau modern addysg
A'r hen Gaerllion-ar-Wysg,
Gwalia wyllt a merched glân,
Nia, Magi, a Megan,
Edwin a thraeth Cwmtydu,
Bwlchmelyn a'r 'deryn du,
Bobby Fischer, Sobers, Syr,
Eicons fel Capten Walker,
Yma o hyd, Jon M.O.,
Hen seld a gwersi Waldo.

Iolo a'i sgwrs, blas y gwin,
Emyr a thân ar gomin,
Iet Wen a Richie Benaud,
Campau llanc Alltcafan co'
Cyn bod batio'n Guto i gyd
A hafau'n Owain hefyd.

Cwmni Dic, Carreg Bica,
Adar ddoe a stori dda,
Gofal mam, y pâst samon,
Cefen gwlad a llygad llon,
Yr hwyl a llawer helynt,
Y Gof a cheiliog y gwynt.

Y potsiar a Kasparov,
Y naw deg a'r *deep mid-off*,
Hanes dyn, y Bells a dŵr
A hen leuad chwedleuwr,
Bröydd hud, niwloedd dudew,
Y rhain oll sy'n llunio Llew.

Idris Reynolds

T. Llew Jones

Mae rhagair T. Llew Jones i'w gyfrol *Geiriau a Gerais* (2006) yn ddifyr, yn drawiadol ac yn allwedd i feddylfryd a gweledigaeth ei awen farddonol. Wrth sôn am gerddi'r gyfrol mae'n dweud bod y cerddi hyn wedi aros gydag ef oherwydd 'rhyw bertrwydd ymadrodd neu ryw fiwsig geiriol', ac meddai ymhellach:

> Cerddi o natur delynegol ar fesur ac odl ydynt bron i gyd. Onid cerddi felly sy'n hawdd eu cofio? …
>
> Mae'n debyg fod eisiau egluro pam y mae'r mwyafrif o'r cerddi yn y casgliad hwn ar fydr ac odl … ac ychydig iawn yn y Wers Rydd a'r Wers Rydd Gynganeddol. Yr ateb syml yw bod cerddi ar fesur rheolaidd a rhai sy'n odledig yn llawer mwy tebygol o aros yn y cof.

Rhythmau'r cerddi ynghyd â geiriau unigol neu gyfuniad o eiriau sy'n creu miwsig a wna gerdd yn gofiadwy, ac mae ar ei gorau pan fydd yn cael ei llefaru'n uchel o'r tafod i'r glust ac o'r glust i'r galon.

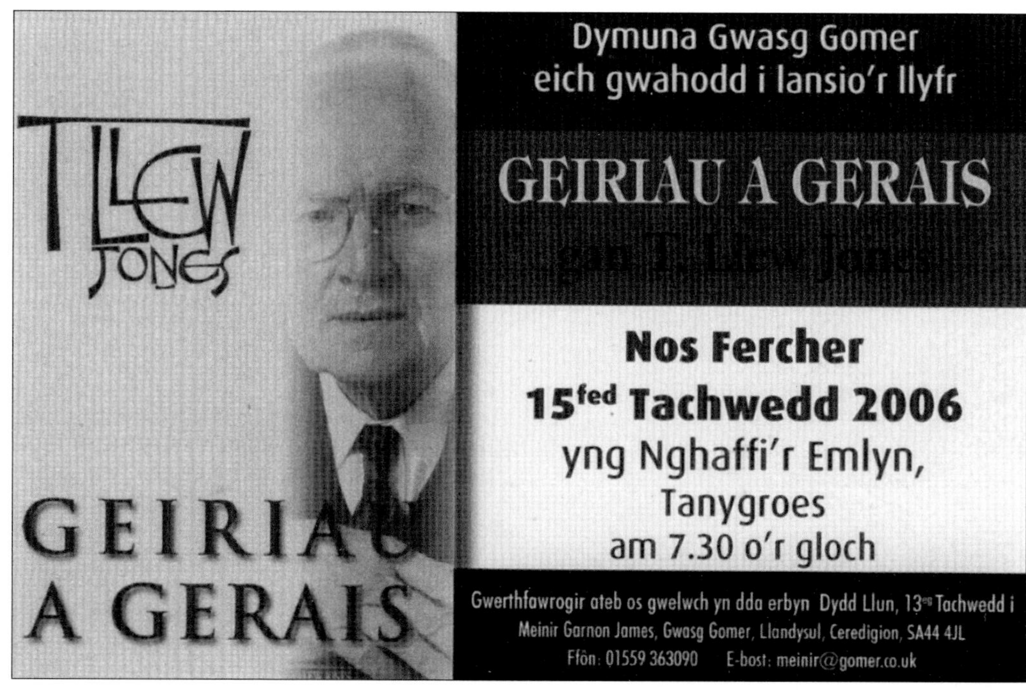

Cofio T. Llew Jones

Ar 7 Ionawr, 2009, hunodd Thomas Llywelyn Jones yn dawel ar ei aelwyd yn Nôl-nant, Heol y Beirdd, Pontgarreg, yn 93 oed. Cynhaliwyd gwasanaeth angladdol yn Amlosgfa Aberystwyth ar 19 Ionawr. Llywyddwyd y gwasanaeth gan y Parchedig Carys Ann. Cyflwynwyd y deyrnged iddo gan Jon Meirion Jones a darllenwyd cerddi gan Dic Jones (soned o'i waith), Tudur Dylan ('Pont-dŵr-bach', T. Llew Jones), ac Idris Reynolds ('Y Ceiliog Mwyalch', T. Llew Jones). Rhoddwyd ei weddillion i orffwys ym medd y teulu ym Macpelah (mynwent y Wig). Roedd y gwasanaeth hefyd yng ngofal y Parchedig Carys Ann.

Mae cadair olwyn segur yn Nôl-nant,
A phlwg y batri wedi'i droi i ffwrdd,
A chardiau a llythyron diolch plant
Yn gymysg ag englynion ar y bwrdd.
Ac os hyd at y trothwy y daw neb
I wasgu cloch y drws i chwarae'i thiwn
Troi'n ôl yn droetrwm a wnaiff yntau heb
Glywed y llais cyfarwydd, 'Dewch i miwn'.

'Dyw'r nyrs garedig ddim yn galw nawr,
Na'r ferch glanhau, na Jon Bryndewi chwaith
Yn taro heibio am ryw hanner awr
I gadw cwmni nes daw Iolo o'i waith.
A phlant yr ysgol, 'rochor draw i'r lôn
Yn chwarae'n ddistaw heddiw, tewch â sôn.

Dic Jones

Gorffwysfa olaf Thomas Llewelyn a Margaret Enidwen Jones ym mynwent Macpelah, Capel-y-wig. Ar y garreg fedd ceir yr arysgrifen canlynol:

Er cof annwyl
am
Margaret Enidwen Jones
Dolnant, Pontgarreg.
Hunodd Mawrth 28, 2002, yn 91 oed.

Aeth mam dyner i'r gweryd
A gwraig fwyn dan garreg fud.

Hefyd am
T. Llew Jones
Hunodd Ionawr 9, 2009, yn 93 oed

Yma rhwng galar a gwên – yn erw'r
Hiraeth nad yw'n gorffen,
Wylo'n ddistaw mae'r Awen
Uwch olion llwch eilun llên.

Dic Jones

Dim ond un brenin oedd 'na mewn gwirionedd

... Hyd yn oed mewn sgwrs, T. Llew Jones oedd y brenin. Trwy'r llais cyfareddol a'r llygaid byw – a thrwy'r peth arall hwnnw sy'n amhosib ei ddiffinio – roedd gan y bardd a'r storïwr y gallu i gyfareddu cwmni ...

... Hyd yn oed gyda llinell sâl roedd angen perfformiad gloyw.

... Roedd ganddo lais fel gwrando ar feistr yn canu organ werthfawr mewn eglwys hardd ... tynerwch yn sydyn yn troi'n ddyfnder o sŵn ac wedyn yn ysgafn eto ...

... Fe ddisgynnodd mantell y cewri (Isfoel, Alun, Dic, Donald a'r gweddill) arno, yn naturiol reit. Yn y cyfarfodydd i dafoli'r Cyfansoddiadau, roedd eu hawdurdod nhw yn ei lais a'i ddyfarniadau ...

... 'Does dim rhaid cael coron i adnabod brenin go iawn. 'A does dim angen gorsedd chwaith, dim ond pwt o gadair o flaen bwrdd ...

... I lawr yng ngodre Ceredigion – yn ochre'r môr – roedd ambell dywysog fel Dic, ond dim ond un brenin oedd 'na ...

... Pan fyddai'n dod i blith plant, brenhinol oedd y croeso ...

... Am fawredd y soniodd Shakespeare ond mae ei eiriau'n gweddu i frenhiniaeth hefyd. Mae rhai'n cael eu geni'n frenhinoedd, eraill yn dod yn frenhinoedd, a rhai'n cael eu gorfodi i fod felly ...

... Mae eraill yn frenhinoedd oherwydd mai felly y mae pobol yn eu gweld nhw. Eraill prin fel T. Llew Jones.

Dylan Iorwerth
Y Golofn Gymraeg yn y *Western Mail*

Bu T. Llew a Dic Jones yn ffrindiau agos ers i fardd yr Hendre ddod i amlygrwydd yn y pumdegau. Roedd cyd-edmygedd a pharch at ei gilydd yn nodweddiadol o'u cyfeillgarwch:

Dic Jones

Un pur oedd, aer y priddyn, – o'r egin
I'r brig a thrwy'r bywyn;
O lawr waddol a'i wreiddyn
Roedd grawn hardd y grynnau hyn.

Jon Meirion Jones

T. Llew Jones

Marw 'Guru' Pontgarreg

Beth sydd gan rywun i'w wneud pan yw'r Hen Elyn yn dwyn cyfeillgarwch hanner canrif a mwy i ben? Galaru? Na. Wedi'r cyfan bu fyw yn eicon cenedl am dros naw deng mlynedd yn ymwneud â'r pethau oedd yn annwyl iddo. Bu farw ar ei aelwyd ei hun yng ngofal ei anwyliaid, ac yn enwedig ei fab ifancaf ...

Hiraethu? Yn sicr. Hiraethu am y ddawn drin geiriau, ar lafar neu ar bapur, na welwyd cyffelyb iddi. A'r llais hwnnw, y llais a fedrai wneud carreg a thwll i swnio'n farddonol. A hiraethu am gwmnïaeth, cyfarwyddyd a chefnogaeth.

Roedd T. Llew o flaen ei oes. Roedd yn fardd plant ymhell cyn bod sôn am y peth yn swyddogol ... Roedd yn storïwr erioed. Gwydion, meddai'r Mabinogion, oedd 'gorau cyfarwydd yn y byd' ond 'doedd T. Llew ddim wedi cael ei eni'r adeg honno ...

Ond fel bardd y daethai i amlygrwydd gyntaf. Wedi bwrw ei brentisiaeth yn yr eisteddfodau lleol esgynnodd i gadeiriau eisteddfodau taleithiol ac i'r Genedlaethol – Glyn Ebwy a Chaernarfon.

Dyma'r adeg y cychwynnodd Sam Jones Ymryson y Beirdd ar y radio, a T. Llew oedd capten tîm Sir Aberteifi o'r cychwyn. Roedd ganddo'r llais, y chwimder ymadrodd a'r elfen gystadleuol – hyd fêr ei esgyrn. Hyd y funud olaf – byddai'n trio gwella'i linell. 'Doedd dim ildio i fod tan i Feuryn gyhoeddi'r marc. Nac yn aml, wedi hynny chwaith.

Cychwynnodd ddosbarthiadau cynganeddol mewn sawl canolfan, ac yr oedd ei ddull bywiog o gyflwyno (yr elfen storïol eto!) yn heintus. Ac mae nifer o feirdd o'r parthau hyn sydd wedi dod i amlygrwydd cenedlaethol yn dyst i lwyddiant ei genadwri.

Ac yng nghanol hyn, cyhoeddodd dros hanner cant o gyfrolau.

Nid oedd byd chwaraeon yn ddieithr iddo chwaith – criced a gwyddbwyll. Ef hefyd a fynnodd sefydlu Cymdeithas Wyddbwyll Cymru ar wahân i un Lloegr.

Yn ei flynyddoedd olaf, ei brif fwynhad fyddai gwylio criced ar y teledu a rhoi'i farn (ddiduedd, aeddfed!) ar berfformiadau tîm Lloegr. Petai'r rheiny am ddatrys peth o'r annibendod y maen nhw ynddo ar hyn o bryd ni fyddai raid iddynt ond galw yn Nôl-nant.

Bu fyw ei fywyd i'r ymylon. Fwy nag unwaith rwy'n cofio pasio heibio i'w gartre yn hwyr iawn y nos a golau yn dal yn ffenest y stydi. Llew â rhyw gerdd neu stori wedi taro'n ei ben yn ystod ein cwrdd, ac roedd yn rhaid ei chael hi ar bapur cyn yr elai dros go'! Gwaetha'r modd mae'r ffenestr yn dywyll heno.

Dic Jones

Ceri Wyn Jones, enillydd y Gadair a'r Goron yn yr Eisteddfod Genedlaethol, awdur cyfrol o farddoniaeth, golygydd *Cerddi Dic yr Hendre* a cholofnydd cyson yn y cylchgrawn *Barddas*.

T. Llew Jones

Diolch, Llew

Fel crwt, roeddwn wrth fy modd gyda straeon antur a dirgelwch am fôr-ladron a lladron pen-ffordd ac ati. Ac yn yr iaith Saesneg – ar y silffoedd gartre, yn yr ysgol ac yn y llyfrgell – roedd dewis trwchus a hudolus o deitlau i mi bori ynddynt os oeddwn am hwylio'r cefnfor, neu garlamu'r ffordd fawr, neu chwarae ditectif yn y dychymyg. Ond yn Gymraeg? Dim diolch! Pan ddôi'n fater o ddarllen, llyfrau eilradd oedd y rhai Cymraeg, yn llawn cymeriadau beiblaidd a chŵn defaid, hyd y gwelwn i!

Ond wedyn, bu i mi ddarganfod tri o eiriau mwyaf cynhyrfus fy mhlentyndod: T. Llew Jones! Ac mi ddarllenais, a darllenais, a darllenais. A lle bu byd antur a chyffro'r dychymyg yn fyd uniaith Saesneg gynt, yn sydyn dechreuais chwarae a meddwl a dychmygu yn Gymraeg, gyda geiriau T. Llew'n sibrydion ar fy anadl, a'i gymeriadau'n bresenoldeb byw o'm cwmpas. Mor fyw oedd rhai o'r rhain yn wir nes i mi ddechrau ysgrifennu nofel (a minnau'n naw oed hen ofnadwy) yn seiliedig ar Harri Morgan a Ned, dau o gymeriadau *Trysor y Môr-ladron*! ...

Mae arna' i un ddyled fawr, bersonol, arall i Llew. Pan oeddwn yn ddisgybl chweched-dosbarth yn Ysgol Uwchradd Aberteifi, dilynais gyfres o wersi ar y gynghanedd a gynhelid gan y Prifardd bob nos Iau yn y Coleg Addysg Bellach yn y dre. Ond rwy'n ofni na fûm (oherwydd galwadau pwysicach ar amser crwt 17 oed ar y pryd!) yn aelod ffyddlon o'r dosbarth, neu, chwedl Llew ei hun, 'Rhyw ysbeidiol iawn y byddai Ceri Wyn yn troi lan i'm gwersi i!' Ond, diolch i'r athro â'i esbonio eglur (a digyfaddawd) a'i anogaeth garedig, bûm yno'n ddigon hir i gael gafael ar 'yr acen', ac ar hanfodion sylfaenol y grefft. Ac i weithio ambell englyn. Ac i ddod i adnabod ambell aelod arall o'r dosbarth, cyd-*beginners* fel Emyr Oernant ac Arwel Jones ...

Yng nghwmni Llew y deuthum i, felly, yn ymwybodol o gyfoeth traddodiad barddol fy milltir sgwâr fy hun, gan ddod i ddeall hefyd fod y bardd gwlad ar ei orau yn fwy na bardd plwyfol, ac nad oedd y bardd a fegid yn Gymro Cymraeg mewn cymuned glòs yr un math o fardd ag a gynhyrchid gan y traddodiad Saesneg hwnnw yr oeddwn i – drwy gefndir addysg a galwedigaeth – yn fwy cyfarwydd ag e ar y pryd.

Am y gymwynas honno – ac am gant a mil o rai eraill – diolch, Llew.

Colofn CWJ, *Barddas*

Alan Llwyd yn darllen cerdd enwog T. Llew Jones 'Cwm Alltcafan' ar y bont uwchben afon Teifi, gyda'r gored a'r cwm coediog yn gefndir trawiadol.

... Bu'n rhan o fywyd diwylliannol Cymru ers hanner can mlynedd a rhagor. Hyd yn oed yn nyddiau ei henaint, roedd o gyda ni yn wastad, yn bersonoliaeth lachar, ddeniadol na allai ei oedran mawr na'i lesgedd corfforol ei mygu.

Pan oeddwn yn fachgen ysgol yn Ysgol Botwnnog, Llŷn ... wrth durio drwy'r Cyfansoddiadau fesul blwyddyn, daeth yn amlwg i mi mai cyfnod gwan yn hanes yr awdl Genedlaethol oedd y pumdegau ... Ac wedyn ... cyrhaeddais y flwyddyn 1958, pan enillodd T. Llew Jones y Gadair. A dyna wahaniaeth! ... Mae'r awdl fel stori fer neu nofel ar gynghanedd ... Afraid dweud mai awdl alegorïaidd yw 'Caerllion-ar-Wysg' gyda'r pryder am y bwriad i foddi Cwm Celyn yn llercian yn y cefndir ...

Wedyn y darllenais lyfrau plant T. Llew Jones, a hynny pan oeddwn yn oedolyn ac yn dad fy hun. Gyda'r bardd y dechreuais, pan ddylwn fod wedi dechrau gyda'r llenor plant ...

Roedd ac y mae T. Llew yn hollbresennol yn y Gymdeithas hon ac yn y cylchgrawn hwn.

Aem i'w weld unwaith y flwyddyn, fy ngwraig a minnau, yn ystod y blynyddoedd olaf hyn. Roedd yn gwmni difyr, ac roedd ei feddwl yn effro o hyd. Poenai am y diwydiant cyhoeddi Cymraeg ac am y diwylliant Cymraeg yn gyffredinol. Dirywiad a welai ymhob man. Ond mae un peth yn sicr. Cadwodd T. Llew y diwylliant Cymraeg rhag dirywio i fod yn ddim byd ond rhyw fath o is-ddiwylliant, diwylliant amatur, bas a disylwedd, fel y mae yn aml heddiw. Diolch amdano.

Enillodd y Gadair eto yn Eisteddfod Genedlaethol Caernarfon ym 1959, gyda'i awdl 'Y Dringwr'. 'Doedd 'Y Dringwr' ddim cystal o ran cynllun a strwythur â 'Caerllion-ar-Wysg', ond mae ynddi ddarnau gwych drwyddi draw, yn enwedig y ddau gwpled cywydd am y dringwr yn syllu fry i'r nen gyda'r nos:

A châr, yn fynych, aros,
A gwylio'r nen ar glir nos;
Gwylio'r lloer bendrist ddistaw,
Gweld yr Eirth trwy'r gwagle draw.

Alan Llwyd
Golygyddol, *Barddas*

T. Llew Jones wrote some of the best-loved children's books in the Welsh language. Long before Roald Dahl and J. K. Rowling, he enjoyed cult status among young readers in Wales, turning out some 80 books that were snapped up for their exciting yarns, thumping rhymes and sheer entertainment value.

As both poet and prose-writer, he seemed to know instinctively what children like to read and, with no thought for adult taste or the approval of literary critics, provided them with just what they wanted, whether adventure stories, folk tales, whodunits, magic realism, historical romances, ghost stories or humorous verse. There is no school in Wales that does not have his books on its library shelves and hardly one he did not visit, often to a rapturous reception of the sort usually reserved for pop singers.

Meic Stephens
Obituary, 'T. Llew Jones: Foremost children's writer in Welsh literature', *The Independent*, 4 Chwefror, 2009

Thomas Llewelyn Jones

Awdur a bardd

Â gorsedd wag yn llys Dôl-nant
Llieiniau parch sy' dros y 'Pethe',
Teyrngedau gwlad, gwrogaeth plant
A gorsedd wag yn llys Dôl-nant.
Heb rithmau'r llais na cherdd a'i thant
Mae pawb yn chwilio pleth o eirie.
Â gorsedd wag yn llys Dôl-nant
Llieiniau parch sy' dros y 'Pethe'.

O freichiau sgiw Mam-gu a'i cho',
Deorodd dawn dan simne'r cartre',
Y gannwyll gorff, a thoili bro
O freichiau sgiw Mam-gu a'i cho'.
Llawyrfon aur, cyfrolau, sbo,
A gwreichion harn o dân y Cilie;
O freichiau sgiw Mam-gu a'i cho'
Deorodd dawn dan simne'r cartre'.

Ei ddawn oedd creu a noddi'r iaith
Fel 'Peter Pan' yn gwrthod prifio,
Yn Nhir na n-Og, â'i swyn ar waith,
Ei ddawn oedd creu a noddi'r iaith.
Roedd Barti Ddu â'i foch â chraith,
Y Romani, y goets a'r smyglo:
Ei ddawn oedd creu a noddi'r iaith
Fel 'Peter Pan' yn gwrthod prifio.

Mewn neuadd fawr, ei ddathlu a wnawn
I sain cynghanedd, cân ac englyn;
Ei bobol o, a'r llys yn llawn,
Mewn neuadd fawr, ei ddathlu a wnawn.
Mawrygwn grefft, edmygwn ddawn
A'r waddol goeth i noddi'r bywyn;
Mewn neuadd fawr, ei ddathlu a wnawn
I sain cynghanedd, cân ac englyn.

Jon Meirion Jones

Englynion Coffa i T. Llew Jones

Clywn ganu'n iach gan fachgen – dros naw deg,
Drwy'i sain dwys, clywn amgen
Gerdd, cans mae'i angerdd a'i wên
Yn dal ar bob tudalen.

Philippa Gibson

Y mae'r hen blant yn danto – wedi iddynt,
fel bob dydd, obeithio
mwynhau'n ei gwmni heno
o fla'n tân un stori 'to.

Ceri Wyn Jones

Cofio 'Nhad (T. Llew Jones)

Mewn lle gwell mae 'nhad bellach – wedi'r boen,
Wedi'r beunydd rwgnach;
I mi, ni welir mwyach
Ei ben uwch teipiadur bach.

Rhwymodd hen hanes rhamant – a'i drosi
Yn drysor adloniant;
Deallai fod diwylliant
Ar gyfer pleser y plant.

Ei sgiliau mewn ysgolion – a'i eiriau
Erys i ddisgyblion;
Mae hir ledrith môr-ladron
Heno'n dal ar fin y don.

Iolo Ceredig

Vernon Jones – bardd buddugol cyson yn yr Eisteddfod Genedlaethol.

Cywydd Coffa T. Llew Jones

Gwelais drwy'r coed y golofn
Welw ddwys mewn awel ddofn;
Gwae orig uwch Llangorwen
O droi i'r llwch awdur llên.

Taw, di fwyalch balch dy ben,
Dy aria o frig derwen,
Nid i bridd yng Nghoed-y-bryn
Y daw o'i farw dy Feuryn!

Pa le aeth cyfarwydd plant,
Y grym fu'n magu rhamant?
Y plant a haeddant waddol
O dderw iaith cist sydd ar ôl.

Roedd parch yn ei gyfarchiad:
'Shwd ichi?' nid 'ti', fel tad.
Goreugwas yr ysbasiaid
Pa lef barotach o'n plaid?

Llifai mewn rhithmau llafar
Hanes gwych ei filltir sgwar.
Ef a roes i'r sipsiwn fri
I'n llên daeth plant y llwyni,
A dal ar gynfasau'r don
Liw hydref y môr-ladron! ...

... Mae'r haf yng Nghwm Alltcafan,
Miri a gwyd nid marw y gân,
Er rhoi ei bardd yng ngro bedd
Fe erys ei gyfaredd.

Pe le fel Capel y Wig?
I glwydo'r prydydd gwledig?
Awen ar lechen, a'i le?
Cywely Bois y Cilie.

Vernon Jones

T. Llew Jones

Y Prifardd Myrddin ap Dafydd yn cael ei gadeirio yn Eisteddfod Genedlaethol Cwm Rhymni, 1990. Roedd T. Llew Jones yn un o'r beirniaid.

Y Gân Sydd Yma
(er cof am T. Llew Jones)

Mae 'na gân, fel man geni,
nad oes ymwared â hi;
ynof y mae'n troi'n fy mhen,
heno'n tywallt Nant Hawen
ei miwsig trwy fy misoedd –
alaw'r awr, ac fel yr oedd.

Cân fel hwtian gwdi-hw
neu geiliog gwawr yn galw.

Tinc hydref yr hen efail;
cerdd agor a dawnsio'r dail.

Canig glan môr y Pigyn
a hiraeth gwyllt y traeth gwyn.

Cantre'r Gwaelod ei nodau
o hen dŷ gwag wedi'i gau;
salm y cyll tywyll tawel
ac englyn Mai gwenyn mêl.
Ein doe i gyd yw hyd y gân,
lled y cof yn Alltcafan.

Mae 'na un sy'n gwmni i hon,
efeilliaid rhyw Afallon;
y genedl yn ei ganu
sy'n perthyn i'r 'deryn du –
mae'n hŷn na gwynt main Ionawr;
mae'n hen, ac mae yma'n awr.

Hen ŵr dros erchwyn y nos
a'i eiriau'n mynnu aros;
gwirioniaid ei Langrannog
'yn trin hen iaith Tir na n-Og'
a'n pair hud eto'n parhau
i delyn ei leuad olau.

Myrddin ap Dafydd

Lluniau

Tynnwyd y rhan fwyaf helaeth o'r lluniau gan y golygydd ei hun.

Gan Iolo Ceredig y cafwyd y rhan fwyaf o'r lluniau teuluol.

A diolch i'r canlynol am roi lluniau i ni ar gyfer y gyfrol:

- Delyth Ffuon Hughes
- Gwyneth Davies, Maesycymmer
- Iolo Ceredig
- Jon Meirion Jones
- Siôn Jones
- Cyngor Llyfrau Cymru
- Llyfrgell Genedlaethol Cymru
- Gwasg Gomer
- Alun Wynne Jones
- Ann Salisbury
- Gwen Jones
- Anwylyd Jones
- Myrddin ap Dafydd
- Megan Eluned Jones
- Eleanor Aerona Llywelyn
- Carol Byrne Jones
- Gweirydd ap Gwyndaf
- *Barddas*
- Beti Thomas
- Ken Evans

T. Llew Jones

Diolchiadau

- i Alan Llwyd, eto, am ei hynawsedd, ei gydweithrediad cyfeillgar a'i gynghorion gwerthfawr.
- i Dafydd Llwyd am ei ddylunio crefftus draw yn Bordeaux. Merci beaucoup.
- i Wasg Dinefwr am ei gwaith graenus, fel arfer.
- i Gymdeithas Barddas am y gwahoddiad.
- i'r Cyngor Llyfrau am ei nawdd a'r blaendal, a diolch arbennig i Menna Lloyd Williams am fenthyg lluniau ac am rannu gwybodaeth o'i chefndir a'i phrofiad cyfoethog.
- i Iolo Ceredig am bob cydweithrediad ac am roi benthyg llawer o luniau.
- i Emyr Llywelyn am bob arwydd o gymorth ac awgrym.
- i Megan Eluned Jones am rannu ei gwybodaeth am gyfnod mebyd ei brawd, ei theulu, hanes ei bro, ac am roi benthyg lluniau a llythyron.
- i Mair Rees, dewines y cyfrifiadur am baratoi llawer o'r lluniau.
- i Dafydd Islwyn am rannu ei wybodaeth gyfoethog am Ymryson y Babell Lên ac am gystadlaethau llenyddol yr Eisteddfod Genedlaethol.
- i Audrey Bowen (Jones) am ei theyrnged i T. Llew ac enwau cyn-ddisgyblion Ysgol Tre-groes.
- i Beti Thomas am gael benthyg llun, am ei theyrnged i T. Llew Jones, ac am rannu gwybodaeth hefyd am Ysgol Tre-groes.
- i Gwen Jones am gael benthyg llun ac am rannu gwybodaeth a phrofiad.
- i Ken Evans am gael benthyg llun ac am rannu hanesion Ysgol Tre-groes.
- i Deanna Hywel am rannu o'i chof a rhoi enwau i wynebau ar lun Ysgol Coed-y-bryn.
- i Gareth Wyn Jones am amryw gymwynasau.
- i Alun Wynne Jones, fy mrawd, am dynnu llun o'r ardal oddeutu Monte Cassino (1944).
- i Christopher Jones (Ysgol Dihewyd) a Bethan Siân Lewis (Ysgol Gymraeg Bryntaf – ar y pryd) am gael cyhoeddi eu llythyron.
- – i'r diweddar Ifor Rees (BBC Cymru) am y lluniau.
- – i Carys Roberts a Jeremy Turner (Cwmni Arad Goch) am eu cydweithrediad ac am gofnodi eu profiadau.
- – i Gweirydd ap Gwyndaf

(a'i fam) am drosglwyddo gwybodaeth a lluniau ynglŷn â'i brofiad yn actio yn y ffilm deledu *Tân ar y Comin.*

- i bob un o'r beirdd.
- i Wasg Gomer am ganiatâd i ddyfynnu o weithiau T. Llew Jones.
- i'r Parchedig John Gwilym Jones am rannu o'i atgofion difyr.
- i Keeva McCreadie am ei pharodrwydd i rannu gwybodaeth am ei phrosiect, a oedd yn seiliedig ar waith T. Llew Jones.
- i Dai Rees Dafis am rannu gwybodaeth am T. Llew fel athro barddol ac am roi gwybodaeth imi am Caradoc Evans, a hefyd am fy nhywys i'w hen gartref ger Rhydlewis.
- i ddisgyblion Ysgol Dihewyd am yr hwyl a'r mwynhad a gefais yn eu plith wrth ddilyn troed T. Llew fwy nag unwaith.

Ysgol Dihewyd

Athen flaengar, wâr yw hi, – a'i hethos
a'i hiaith mewn cwrteisi;
ysgol sy'n ysbrydoli
â naws braf – plantos i'w bri.

- i'r Doethur Barchedig John Gillibrand am ei barodrwydd a'i gwrteisi wrth ddangos Carreg Ogam Capel Mair.
- i Sion Jones am rai lluniau ac am rannu gwybodaeth werthfawr.
- i Carol Byrne Jones am ei chroeso, am gael benthyg lluniau ac am rannu ei hatgofion am y cyfnod pan oedd yn gweithio ar y ffilm deledu *Tân ar y Comin.*
- i Eleanor Euronwy am roi benthyg llun ei thad a rhannu gwybodaeth.
- i'r Llyfrgell Genedlaethol am gydweithrediad cyfeillgar a gwerthfawr.
- i Myrddin ap Dafydd am gydweithrediad hyfryd ac am gael benthyg llun.
- i Delyth Ffuon am fenthyg llyfr lloffion ei thad a lluniau.
- i Anwylyd, fy chwaer, am fenthyg llun ac am rannu storïau.
- i Marian Lloyd Jones am drosglwyddo hanes Capel Seilo, yn enwedig hanes yr eisteddfodau.
- i Louise Jones am ei chydweithrediad hyfryd wrth deipio'r sgript cyfan a'i osod ar ddisg.
- i Eurig Lloyd am ei hynawsedd a'i waith cydwybodol wrth sganio'r lluniau i gyd a'u gosod ar ddisg.